MAURO MAFFEZZONI

ENCICLOPEDIA UNIVERSALE

la centrale edizioni
a not-for-profit, collective name
founded in Southern Europe in 2018

linktr.ee/lacentrale

MAURO MAFFEZZONI
ENCICLOPEDIA UNIVERSALE

book design by Giancarlo Norese
first edition, May 2024

ISBN 979-8-3253-1399-8

I

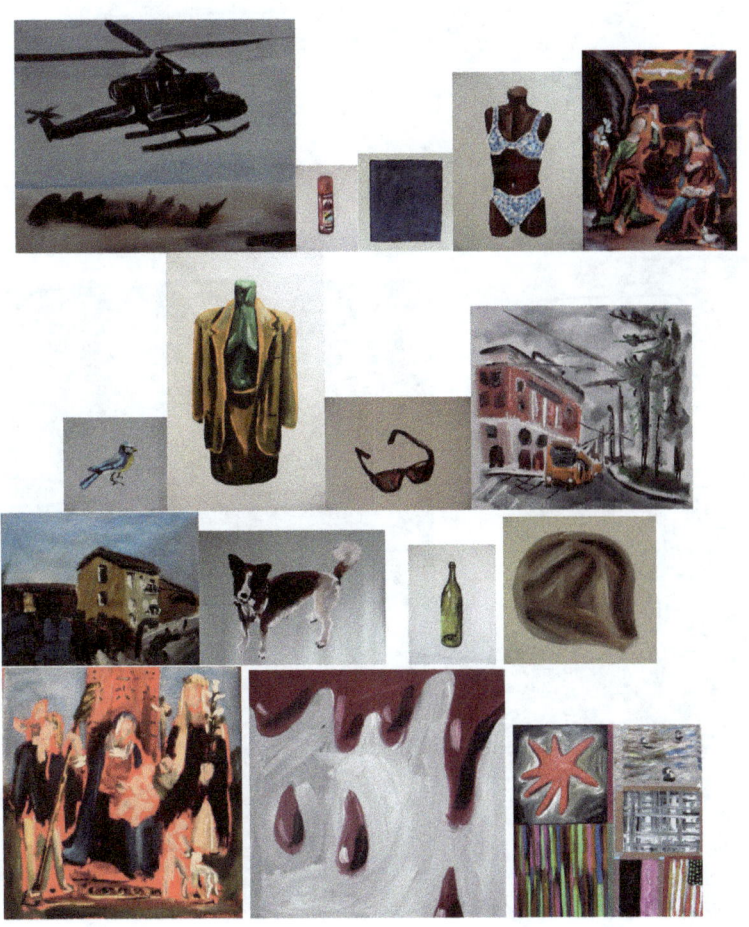

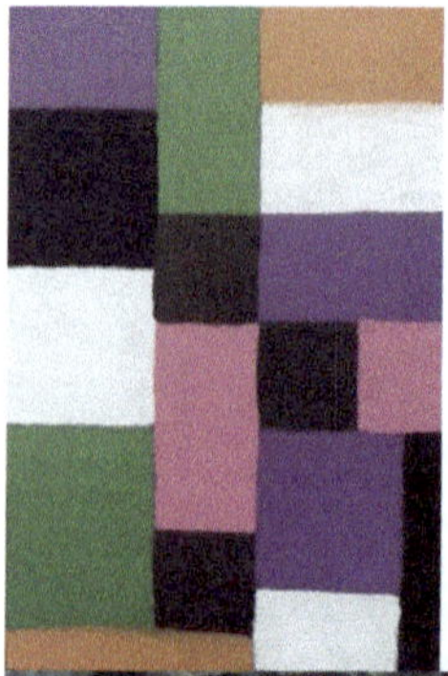

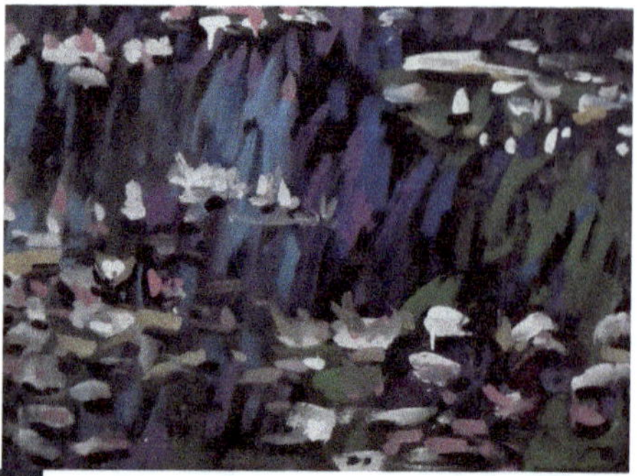

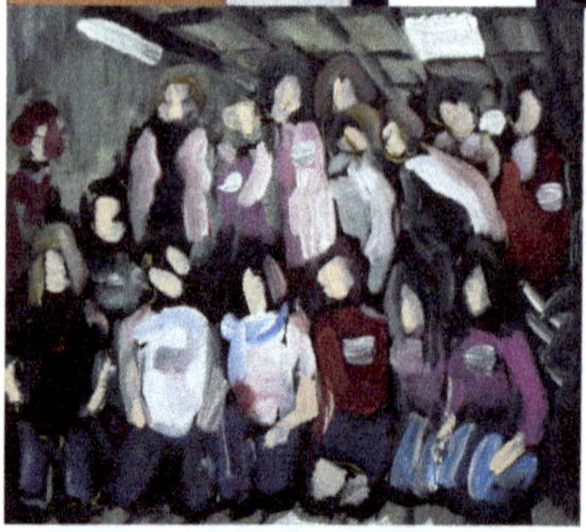

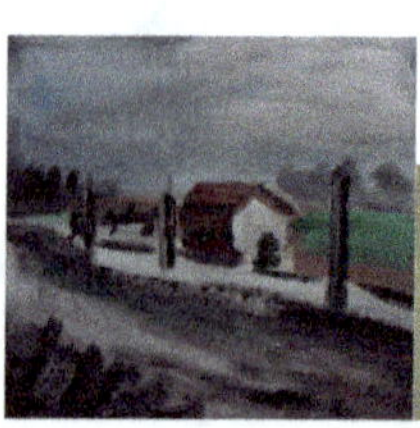

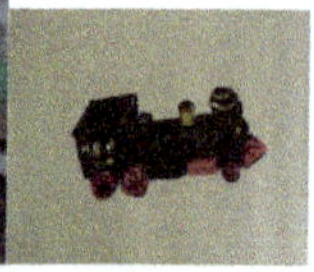

II

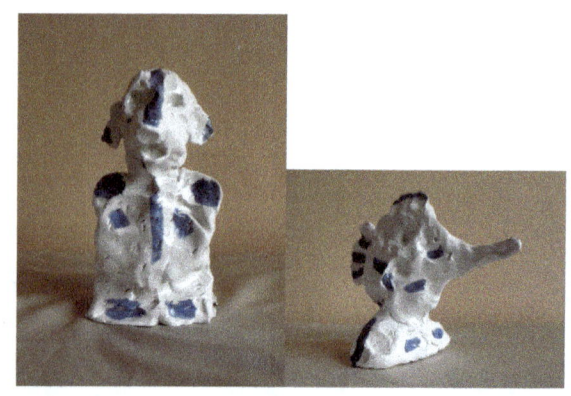

III

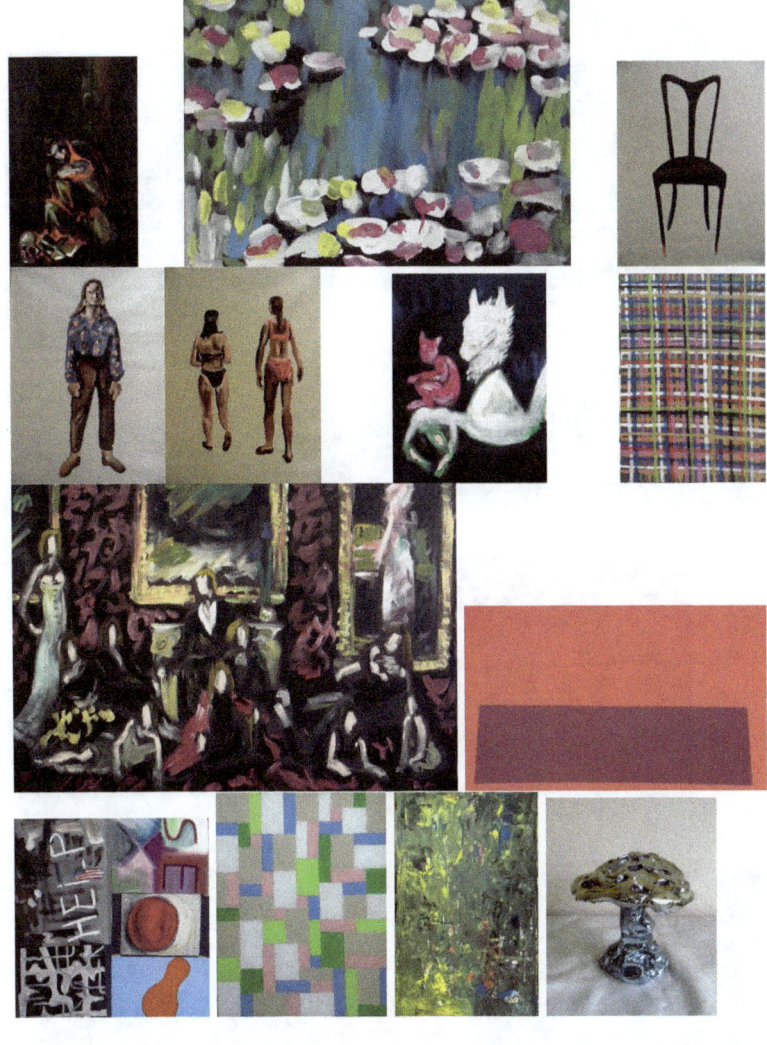

IV

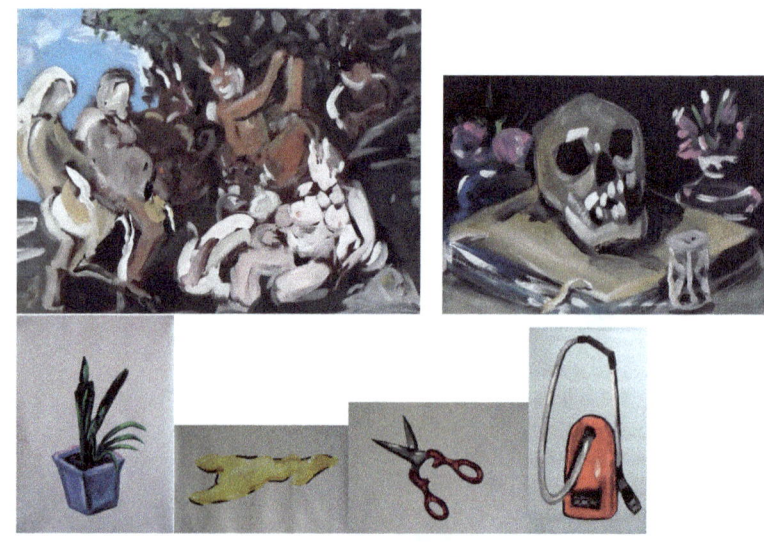
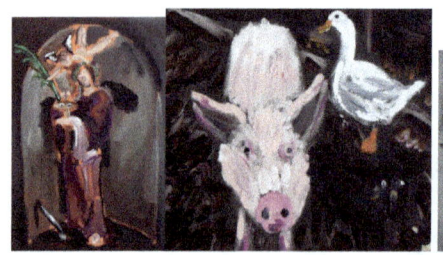
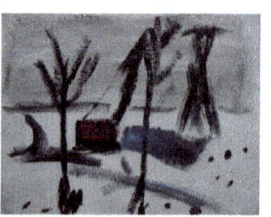
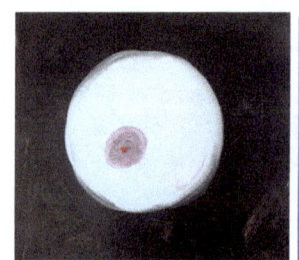
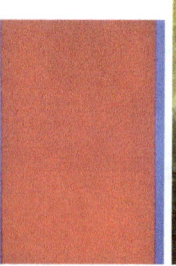
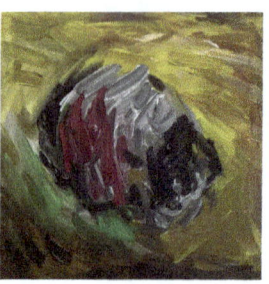

V

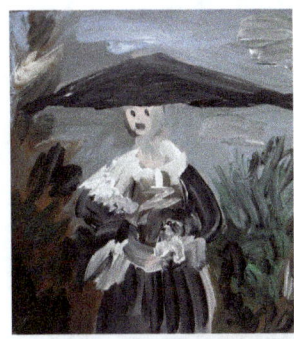
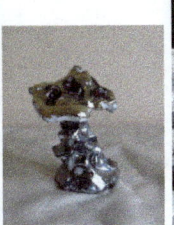
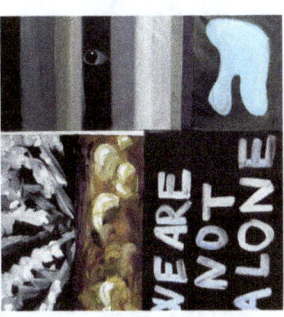
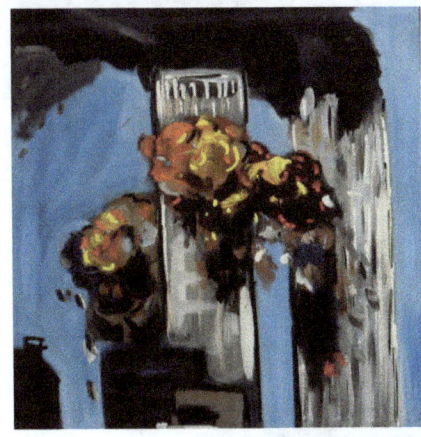
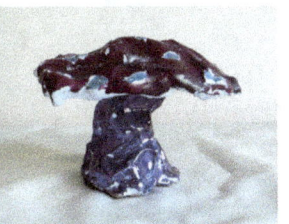
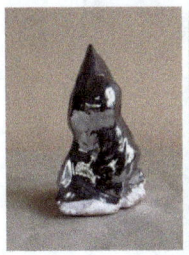
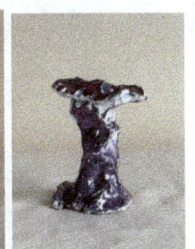

VI

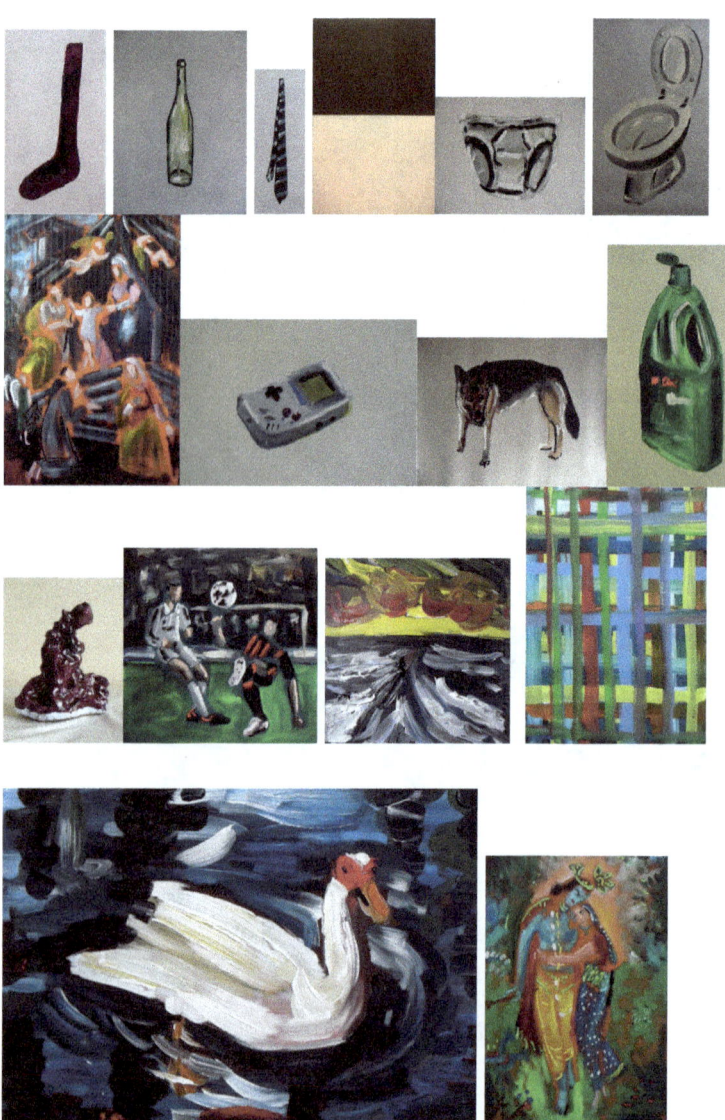

VII

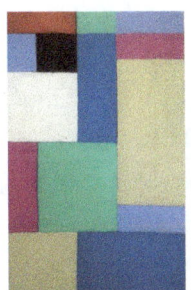
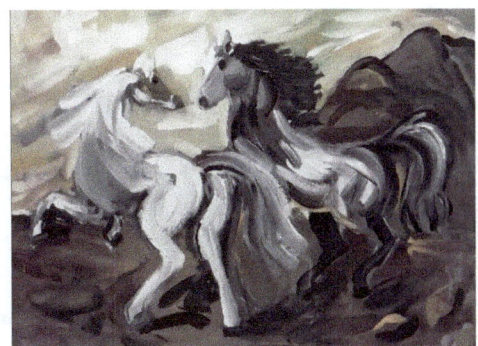
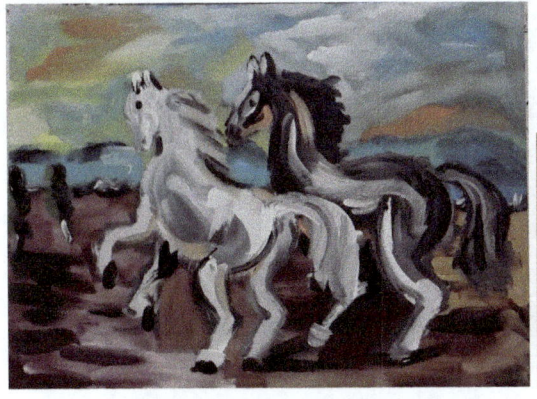
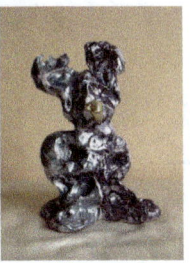
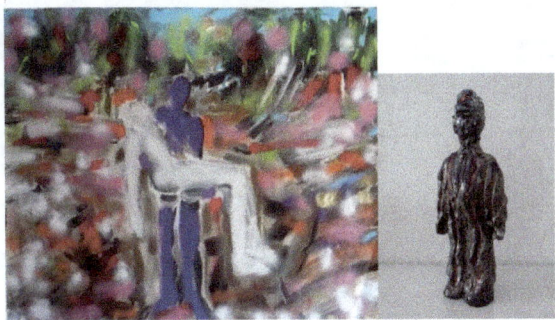

VIII

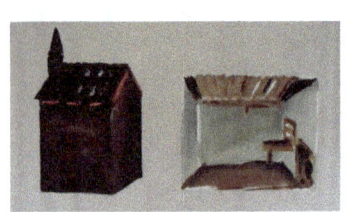
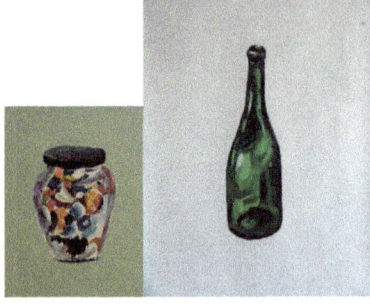
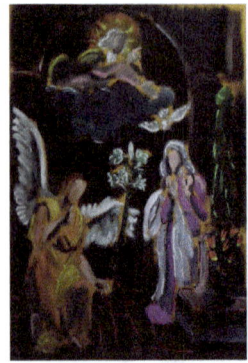
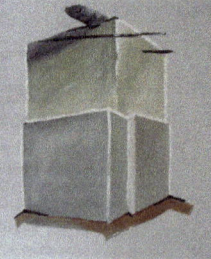
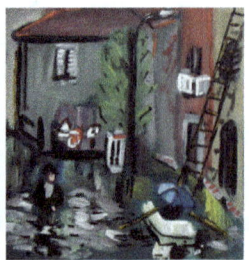
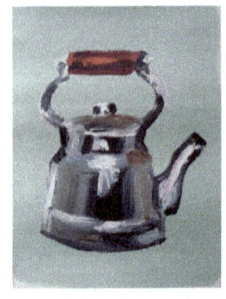
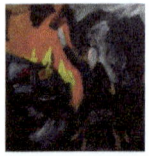
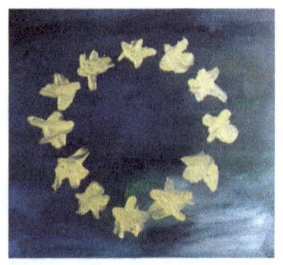

IX

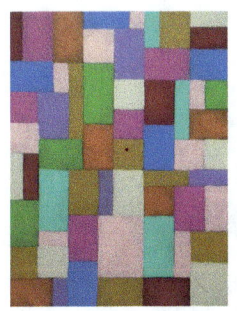
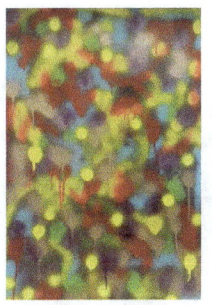
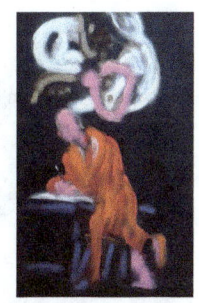
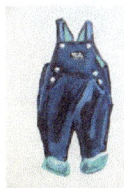
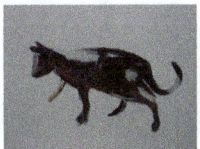
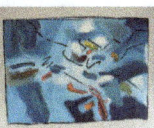
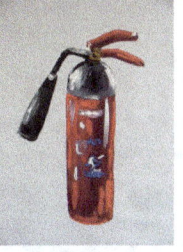
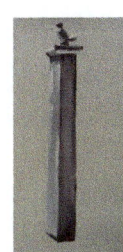
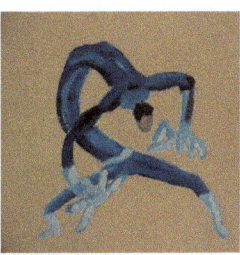
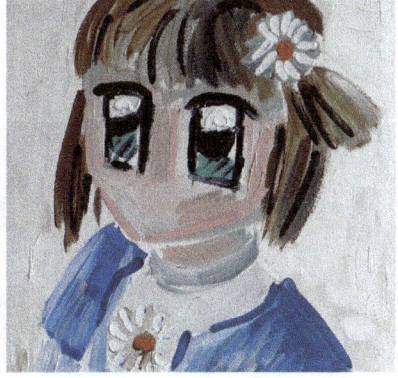

X

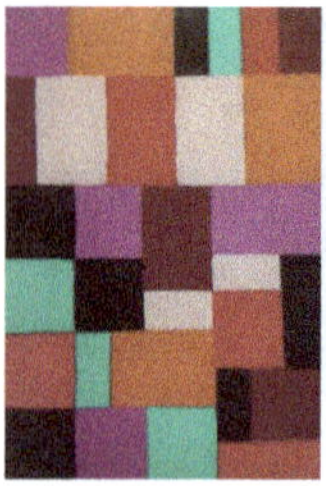

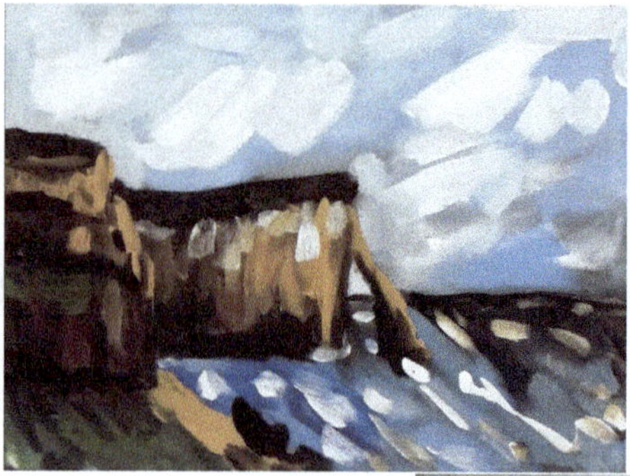

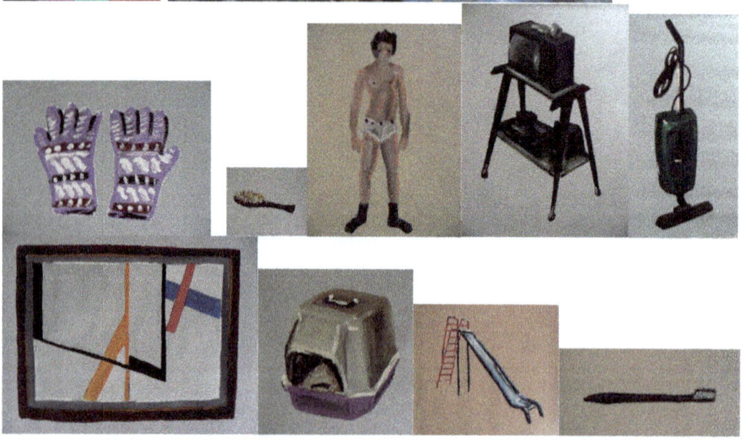

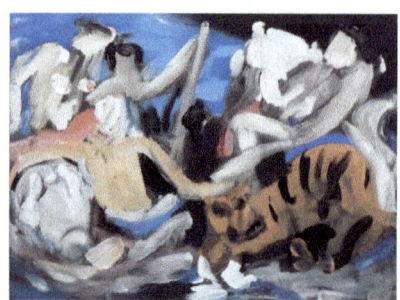
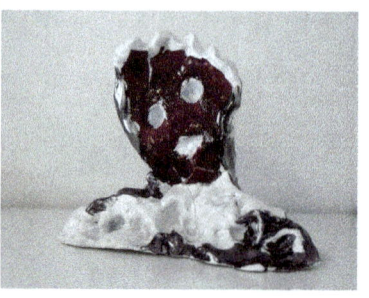

XI

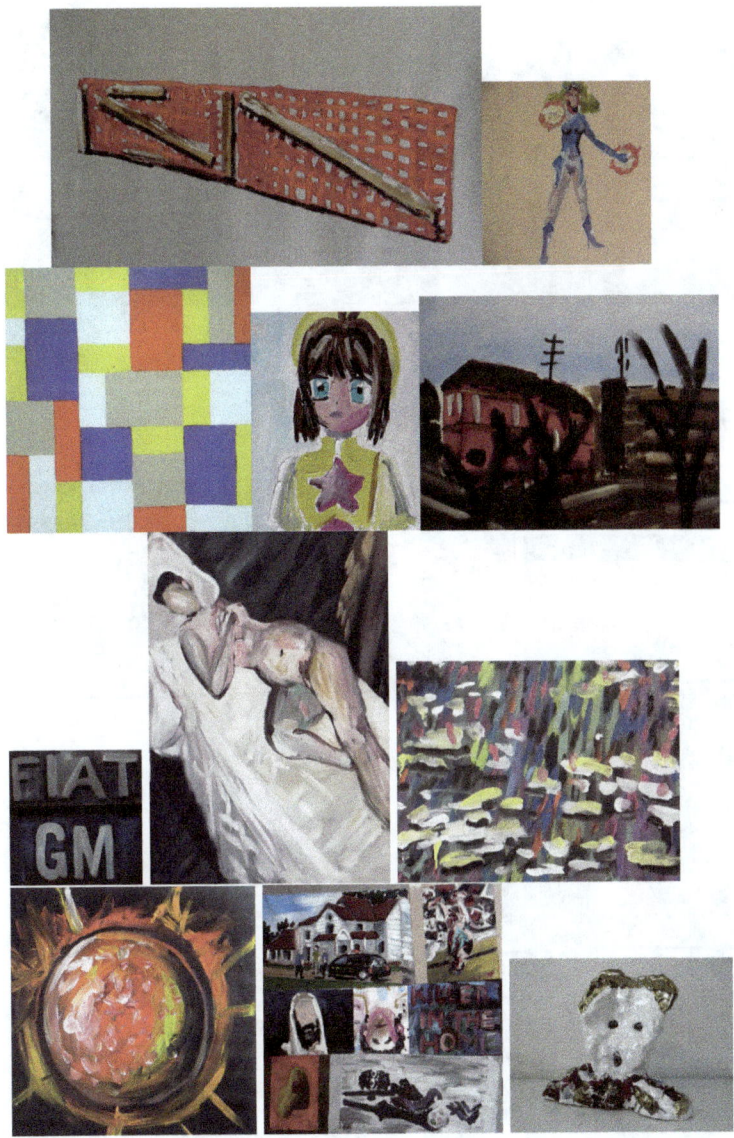

XII

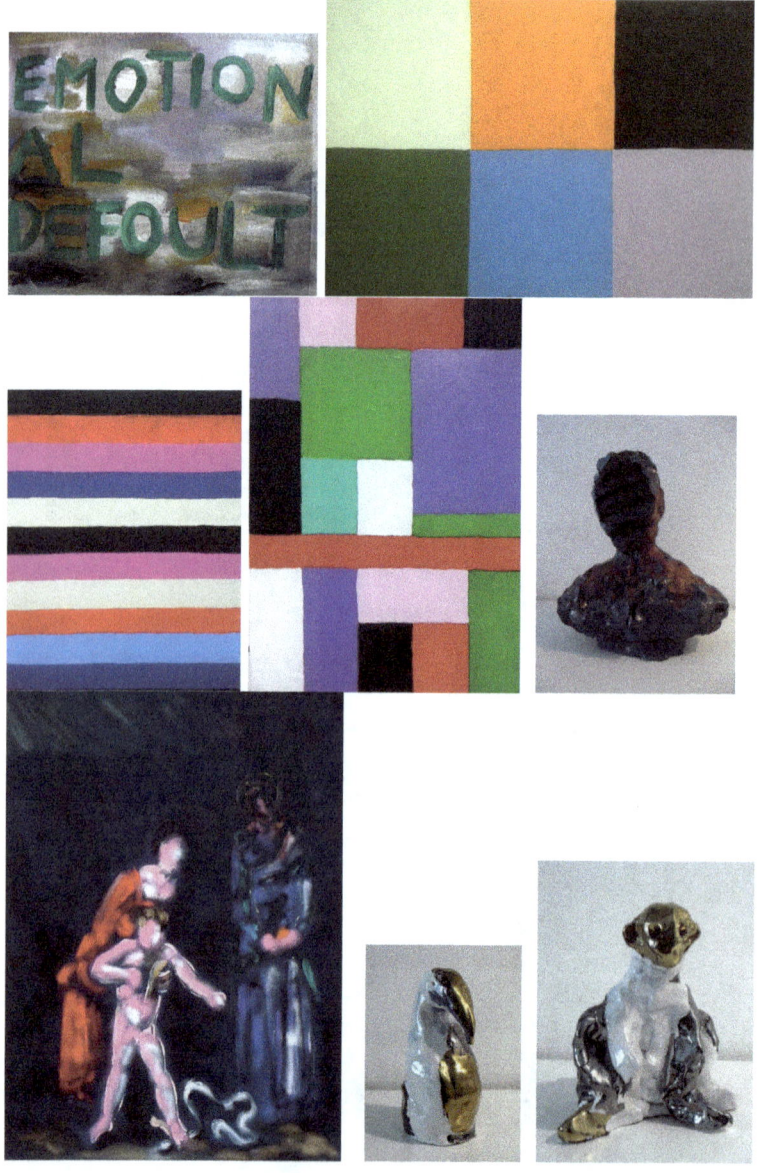

XIII

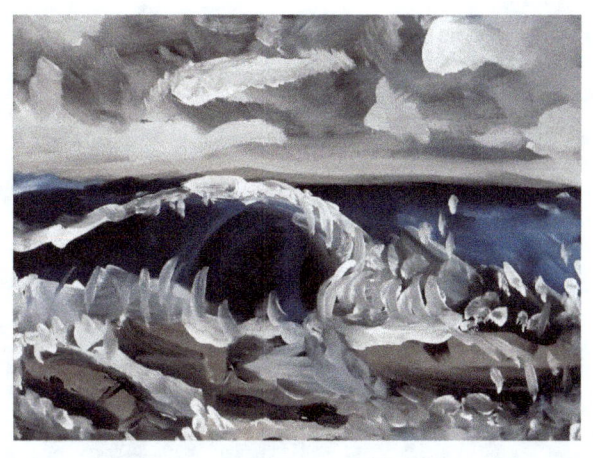

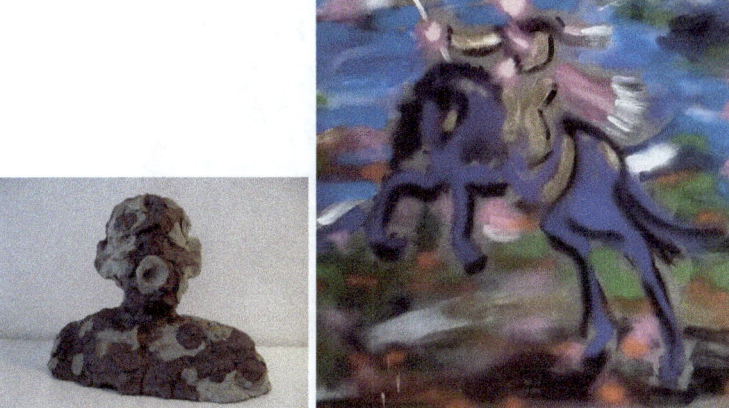

XIV

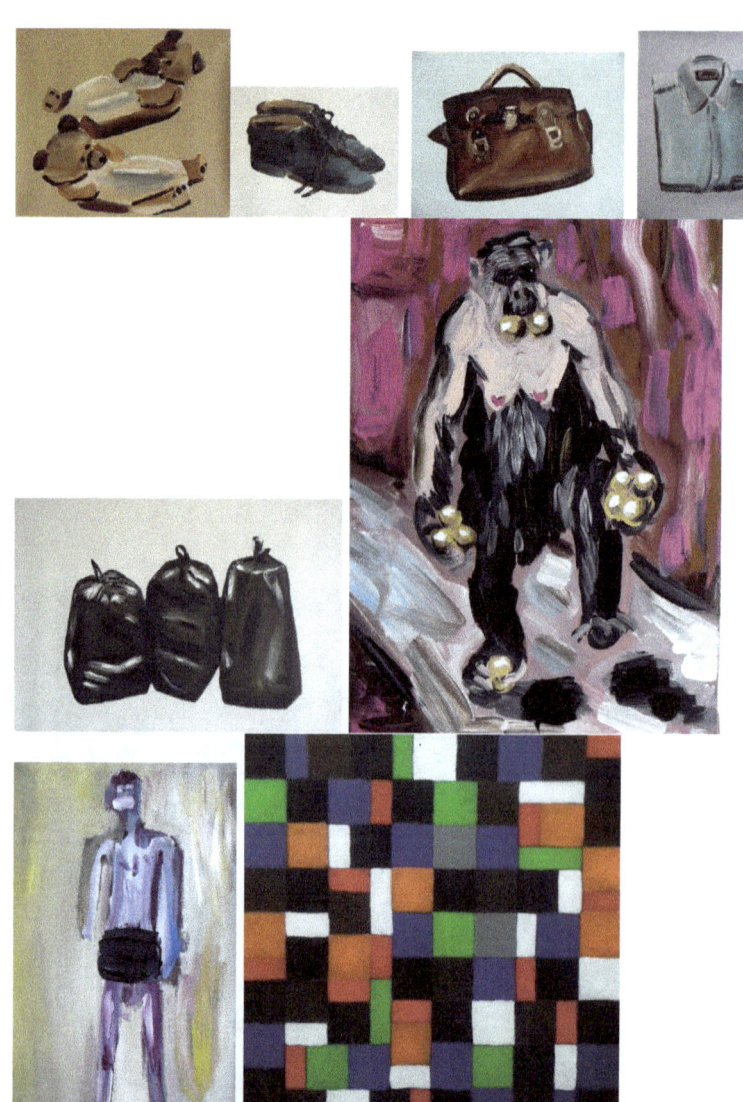

XV

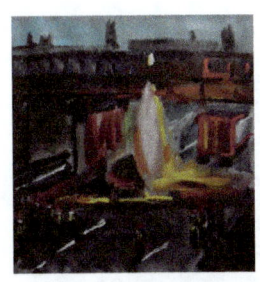
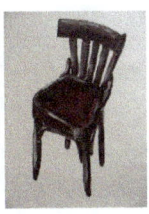
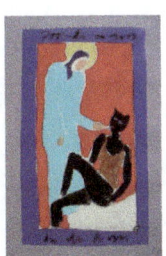
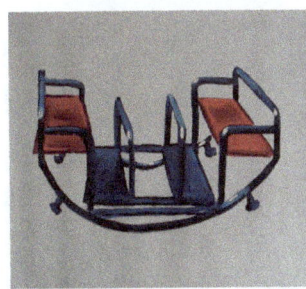
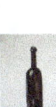
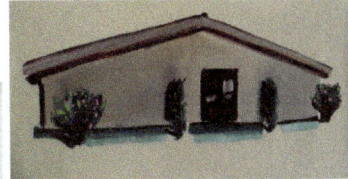
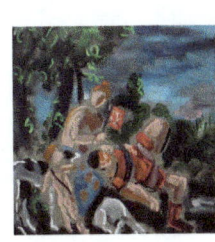
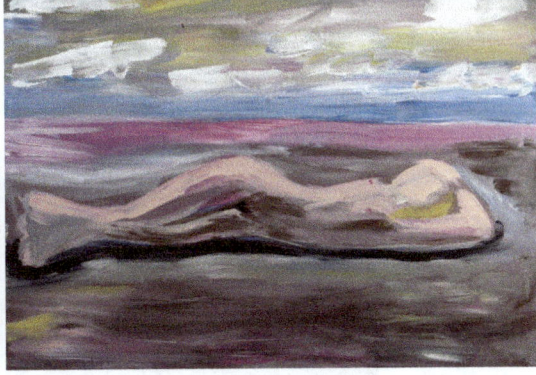

XVI

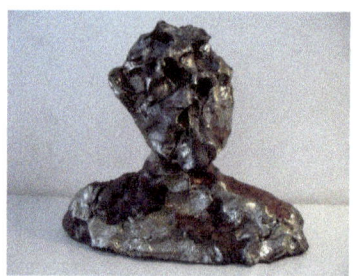
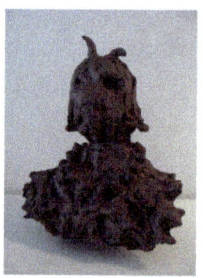
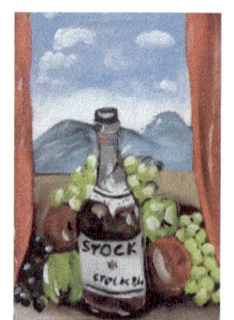
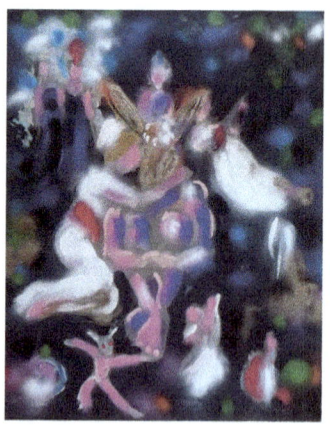
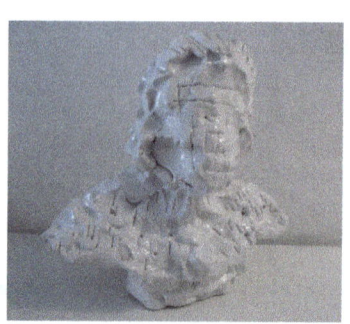

XVII

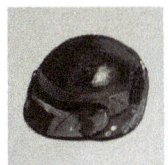
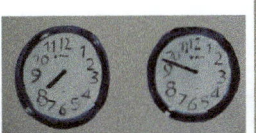
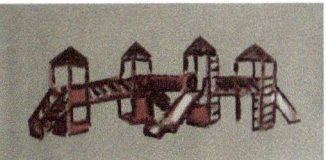
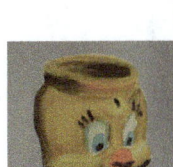
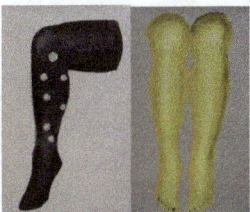
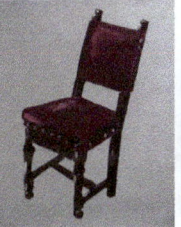
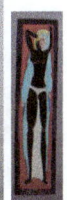
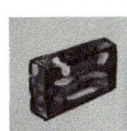
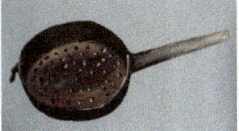
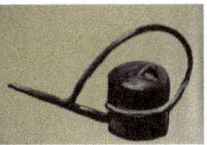
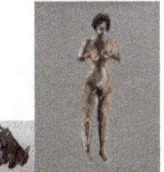
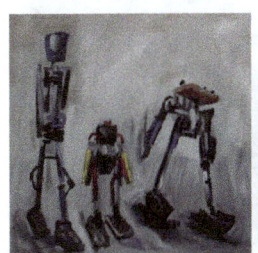
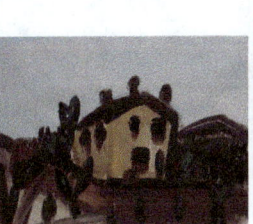
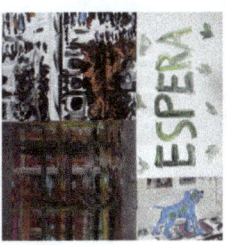

XVIII

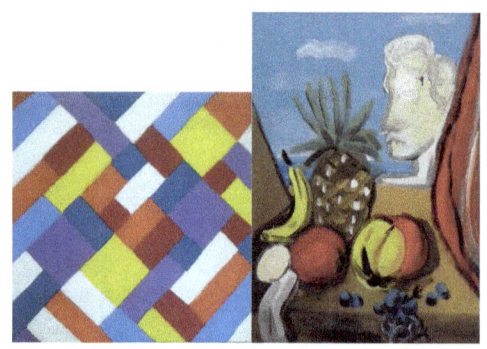

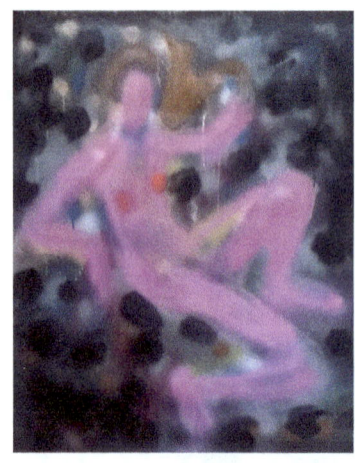

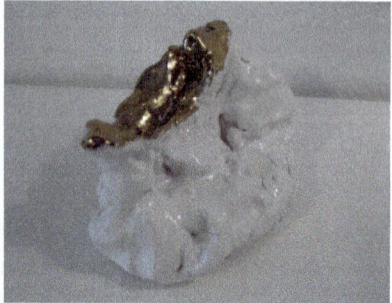

XIX

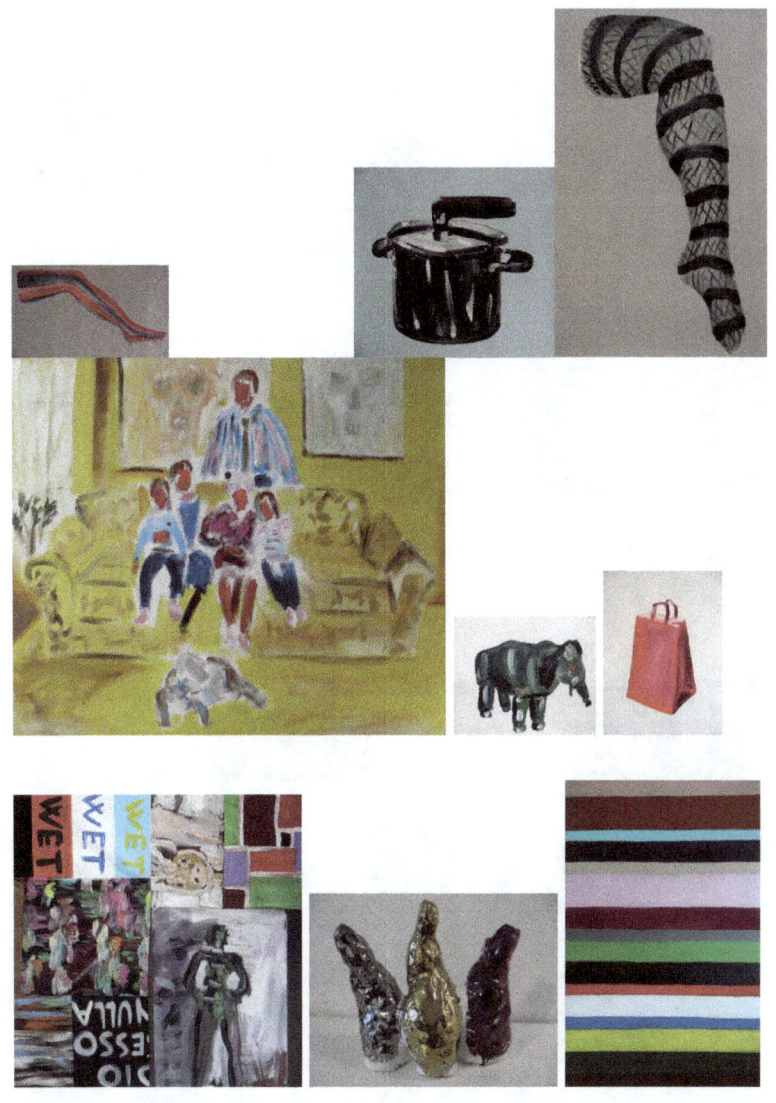

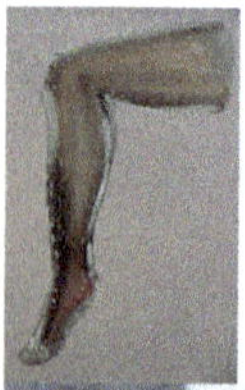

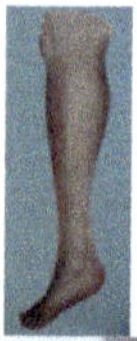

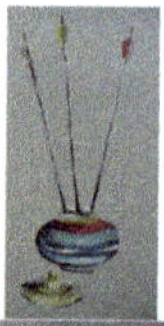

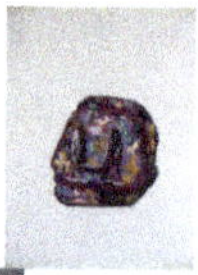

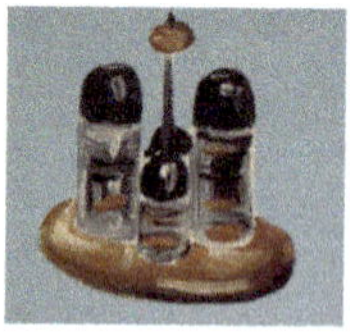

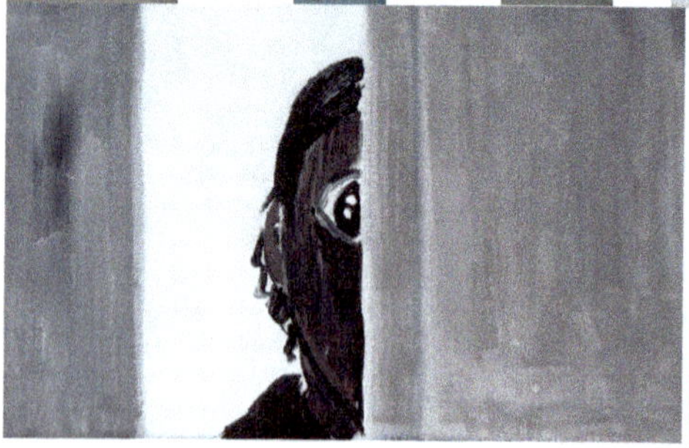

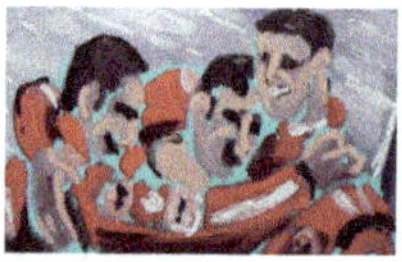

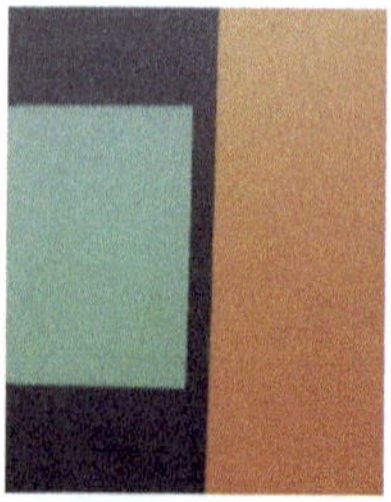

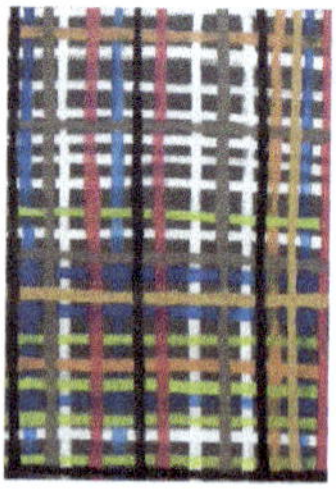

XX

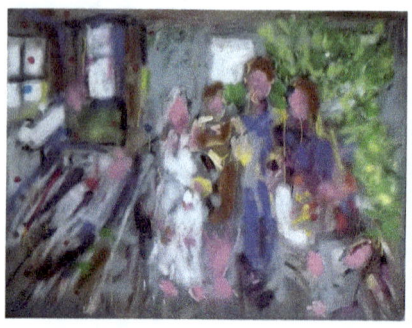
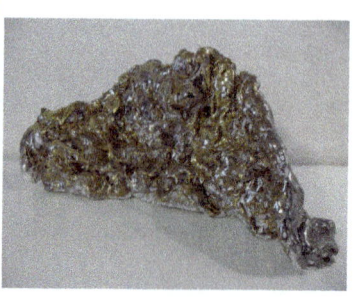

XXI

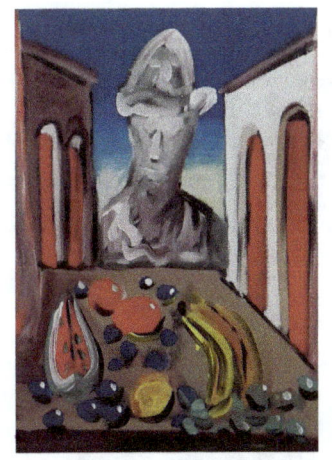
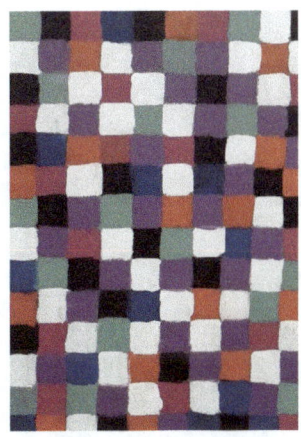
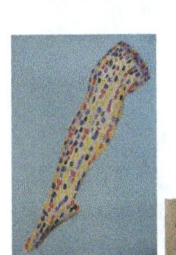
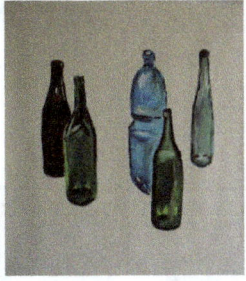
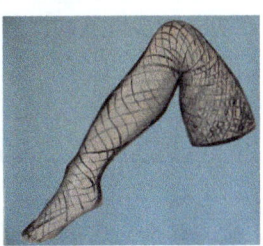
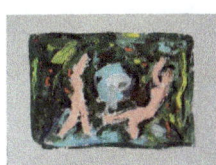
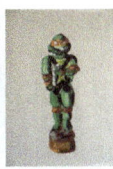
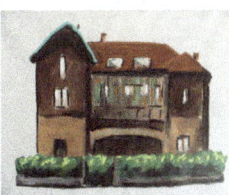
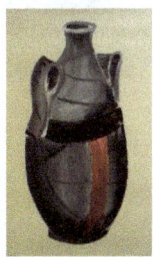

XXII

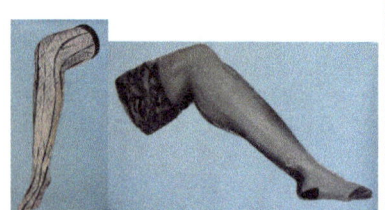
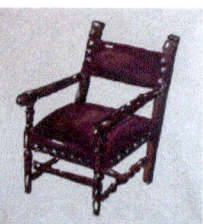
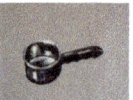
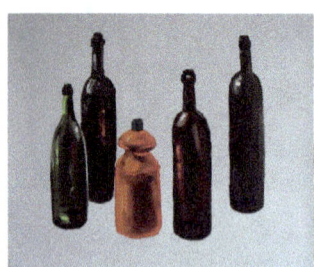
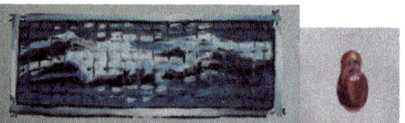
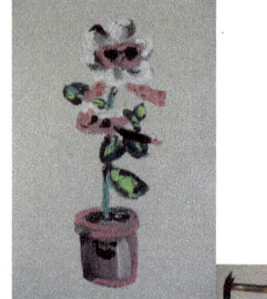
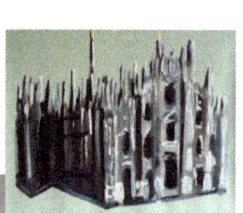
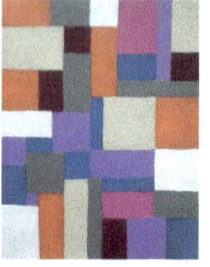
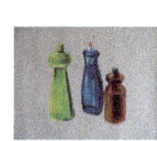
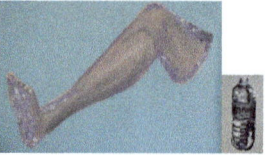
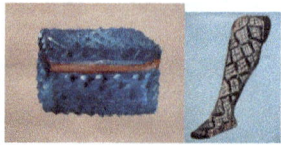

XXIII

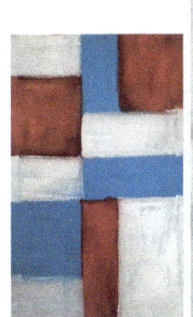
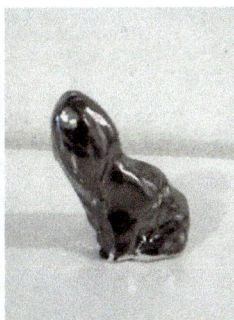
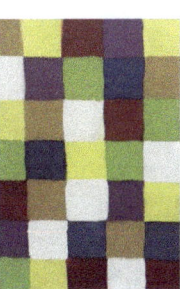
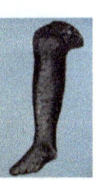
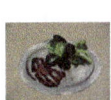
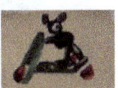
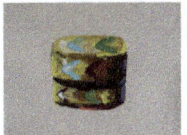
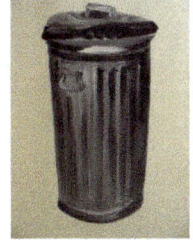
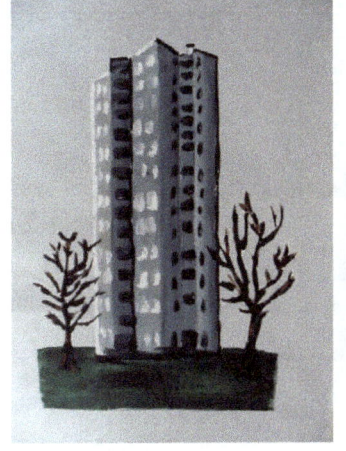
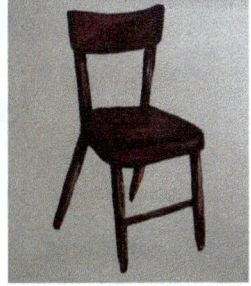
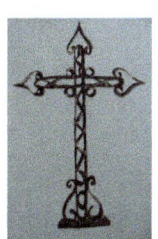

XXIV

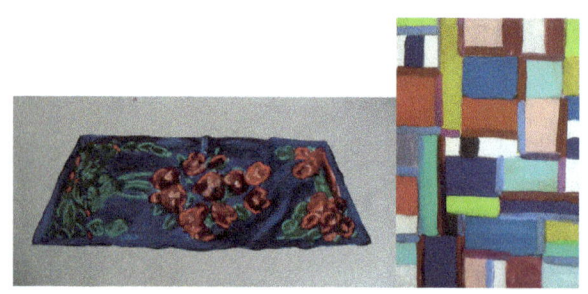

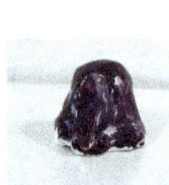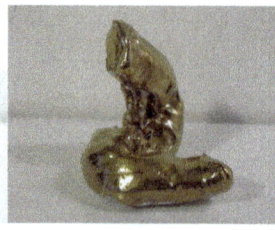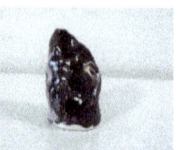

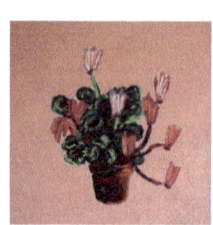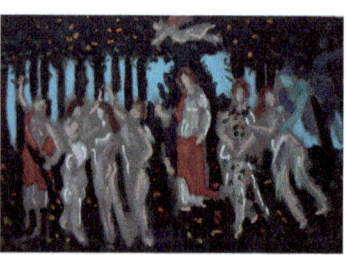

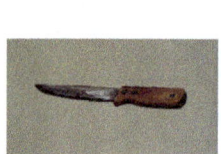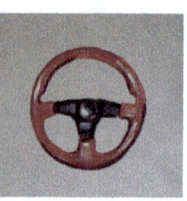

XXV

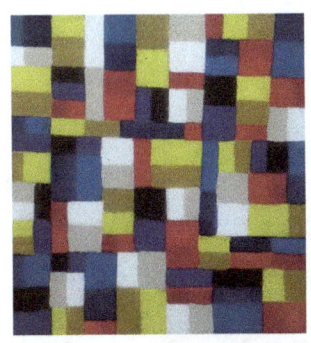
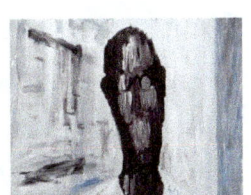
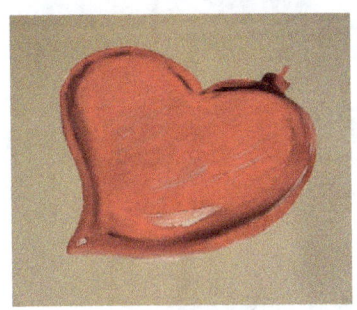
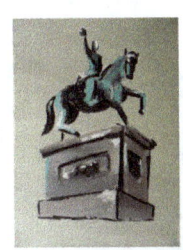
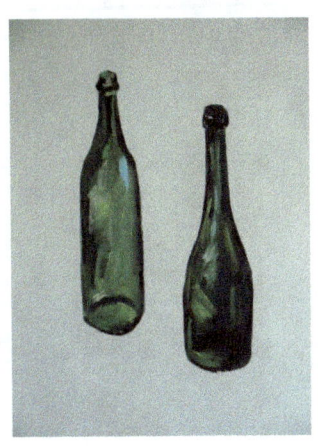
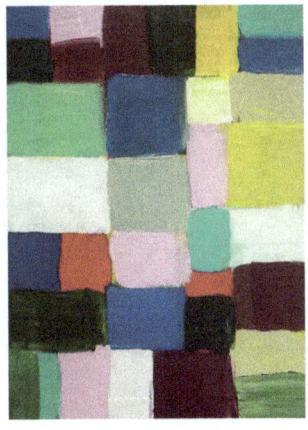

XXVI

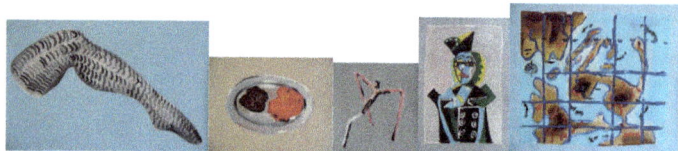

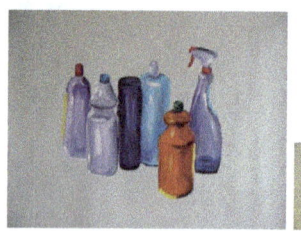
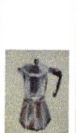
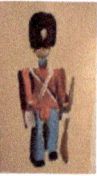

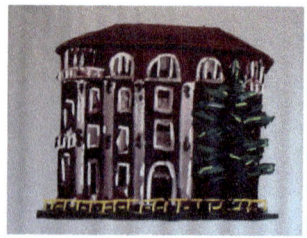
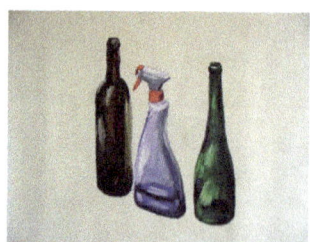

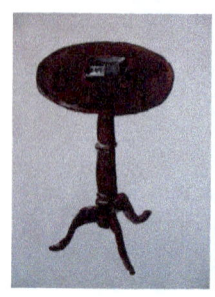
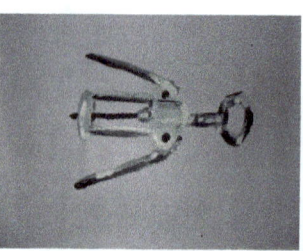
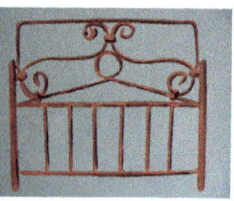

XXVII

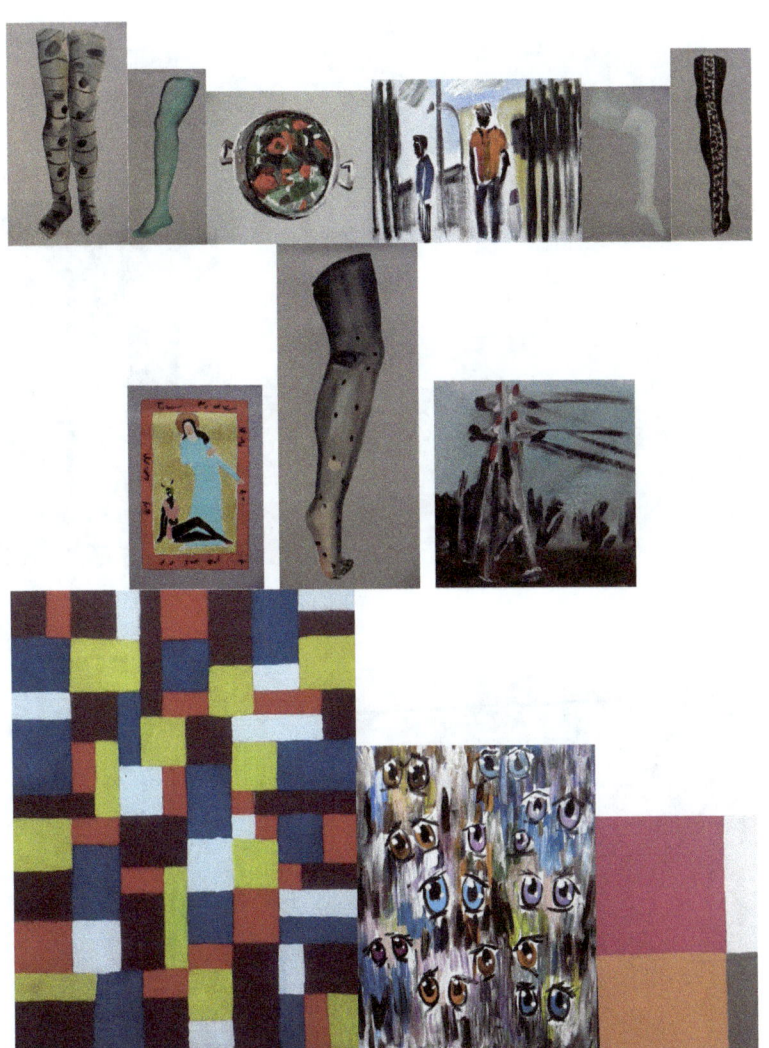

XXVIII

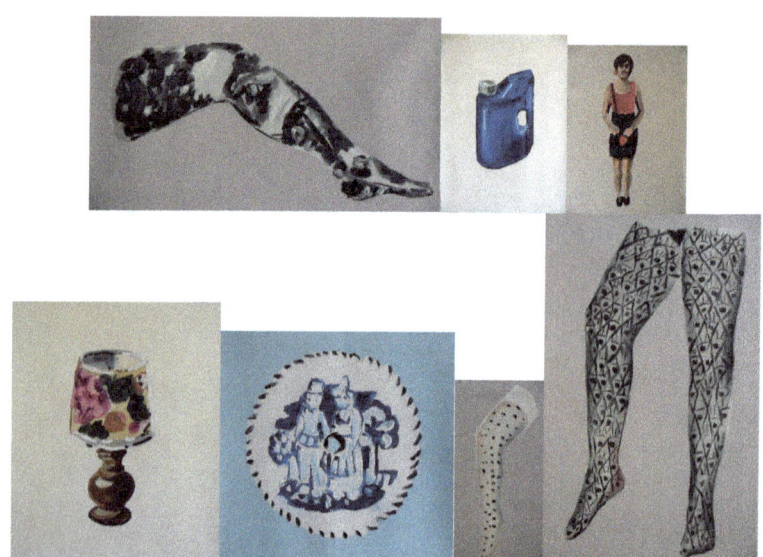

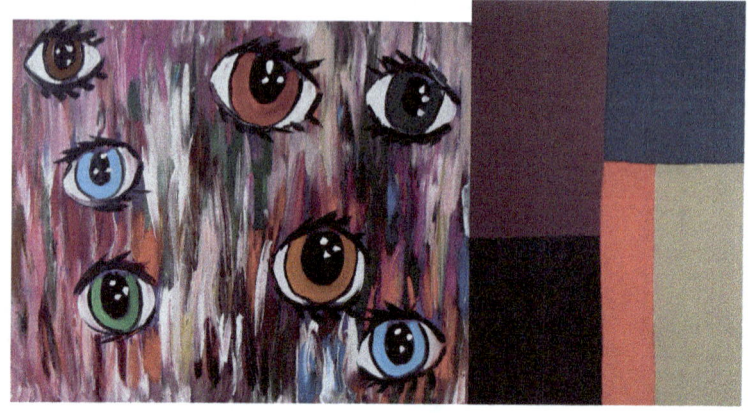

XXIX

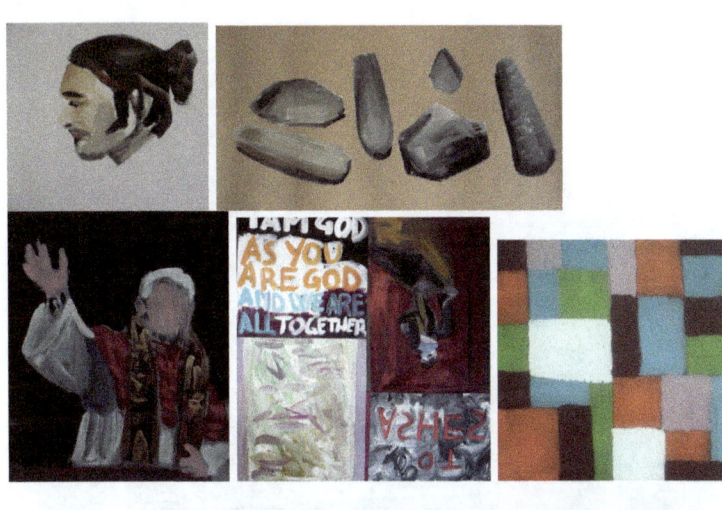
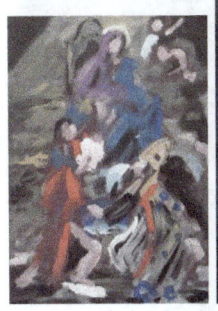
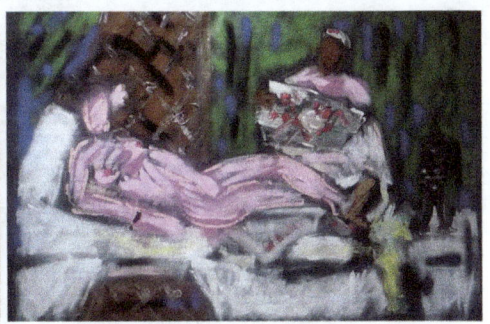
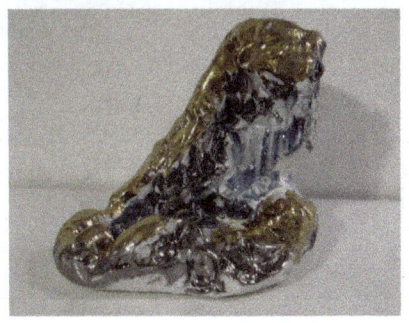

XXX

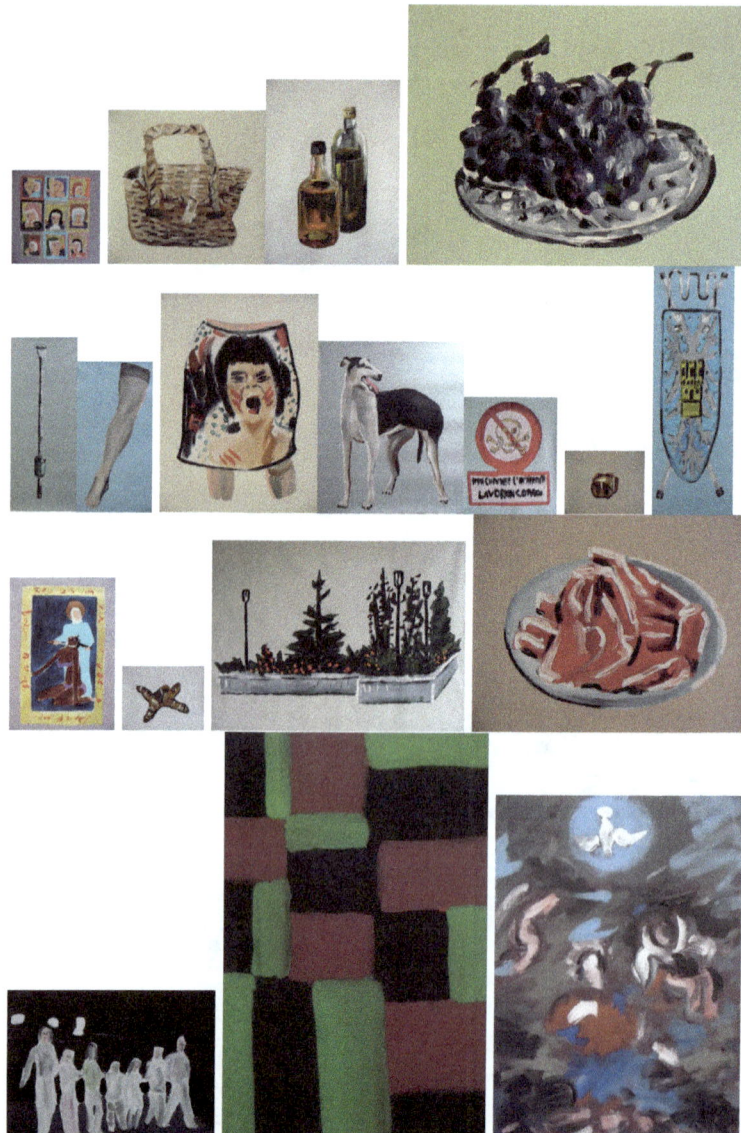

XXXI

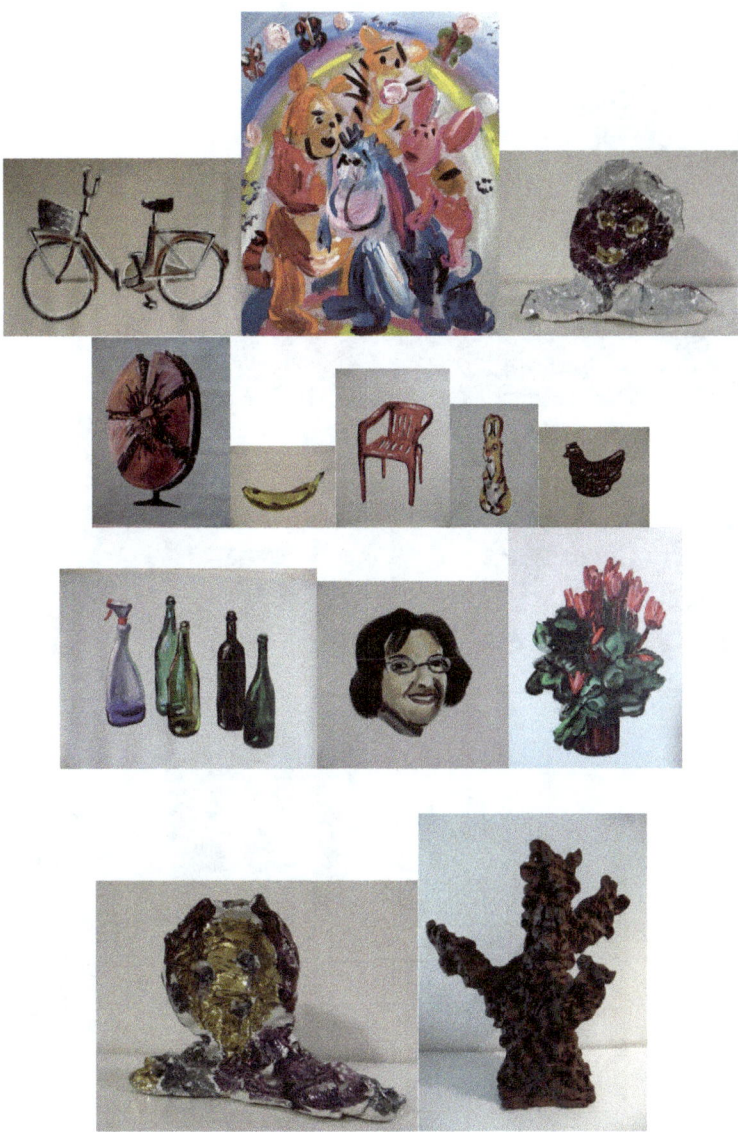

XXXII

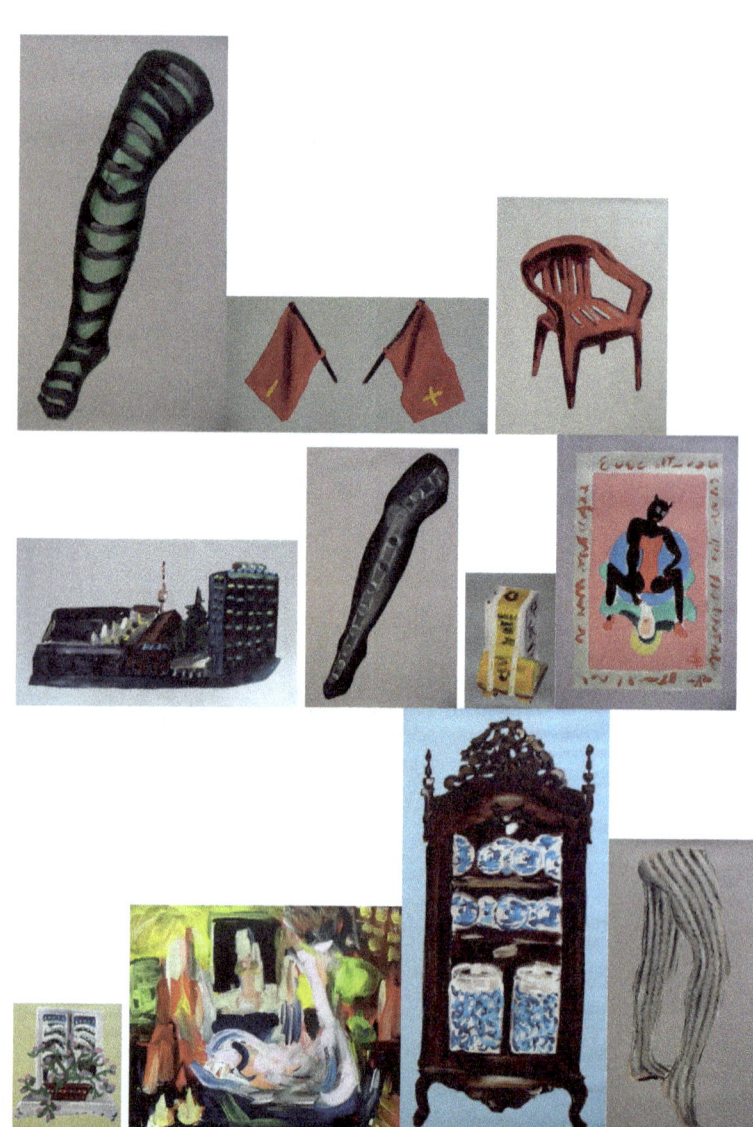

XXXIII

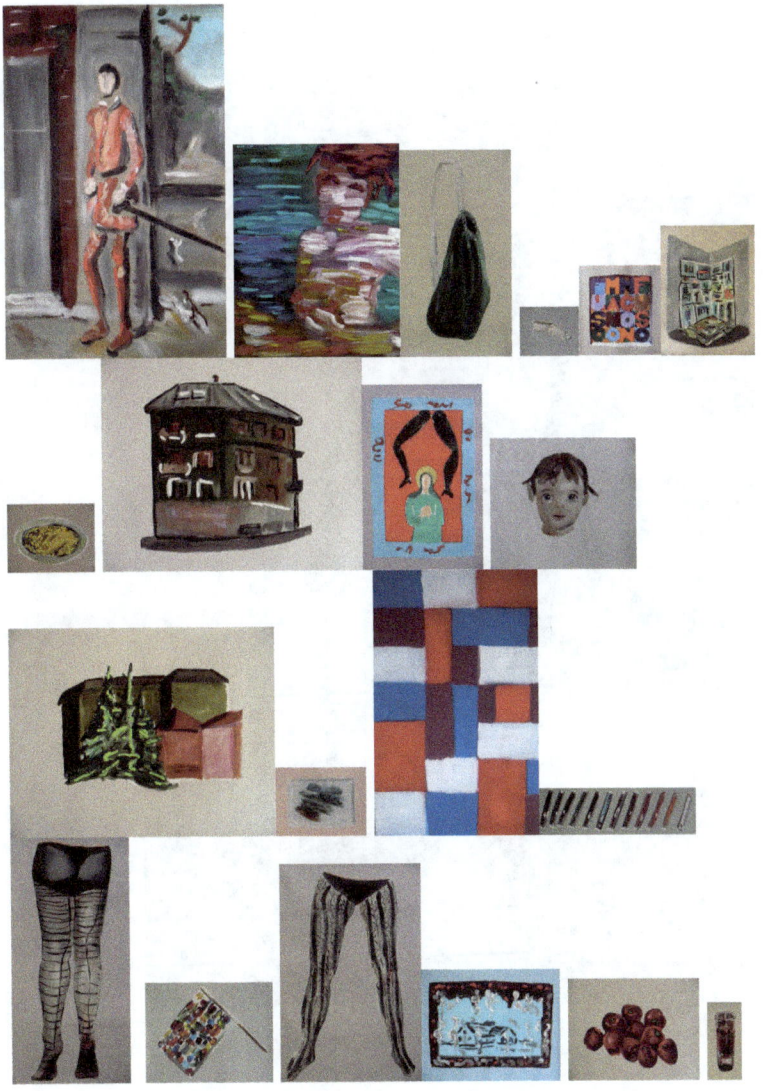

XXXIV

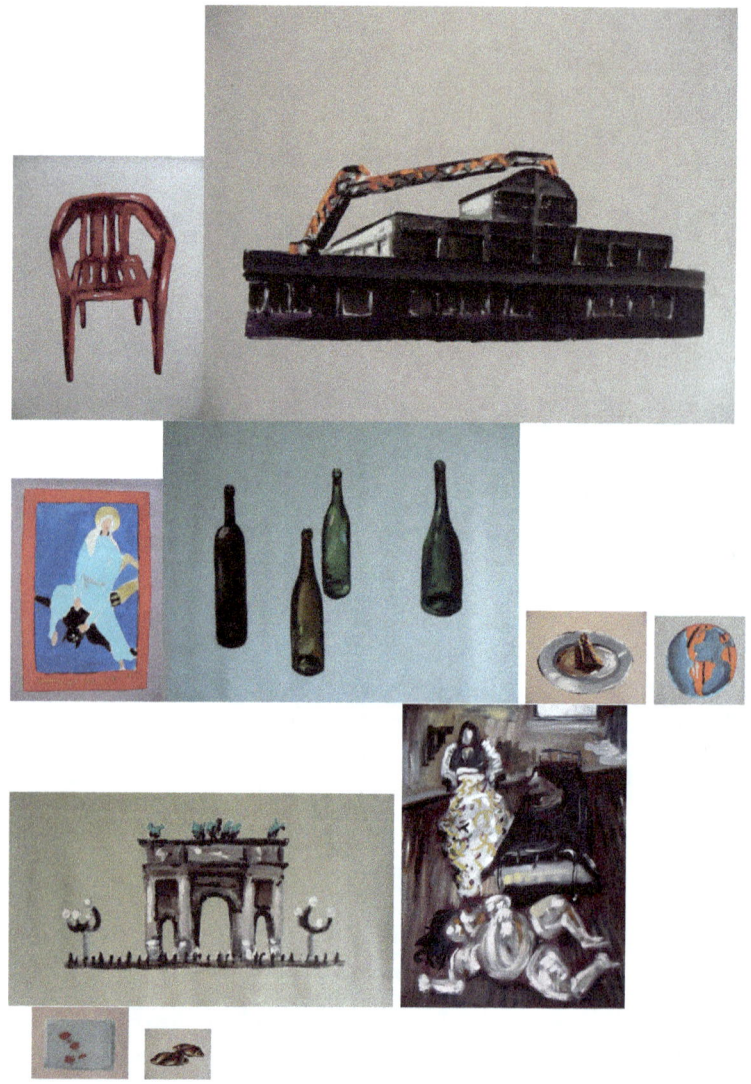

XXXV

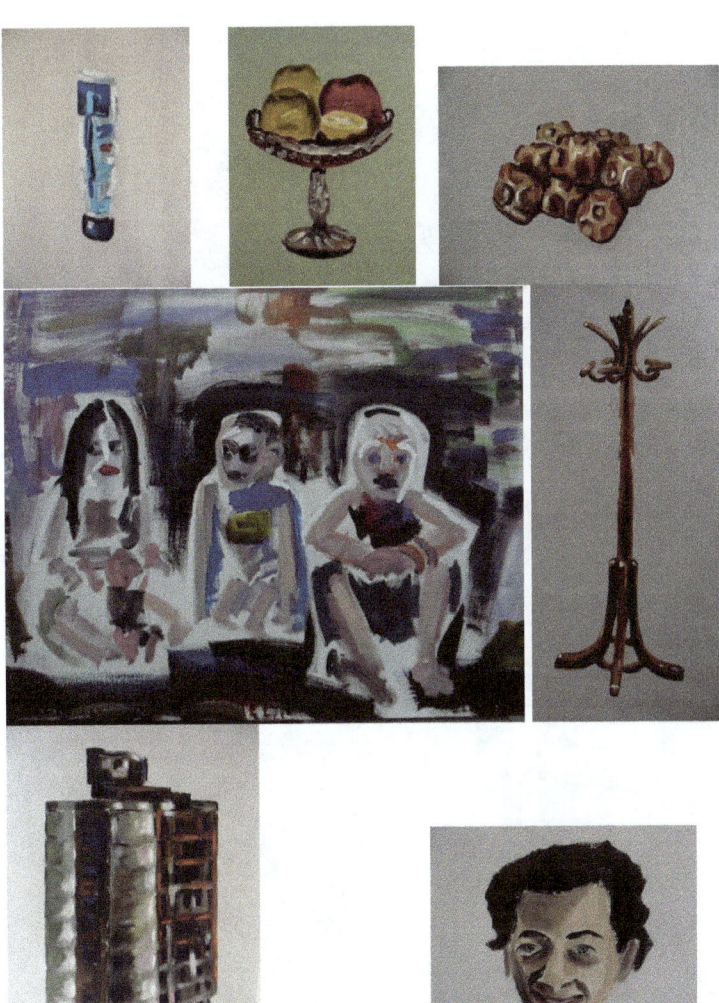

XXXVI

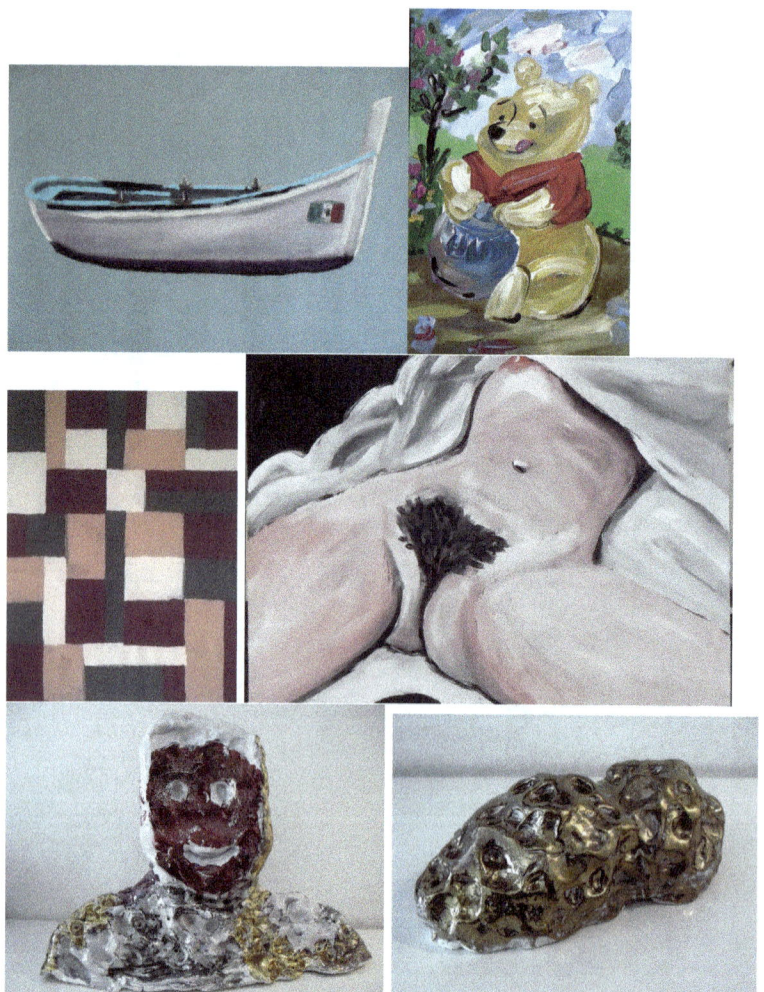

XXXVII

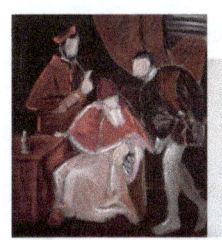
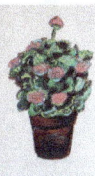
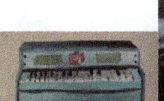
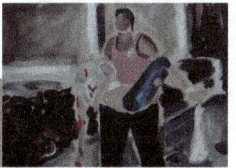
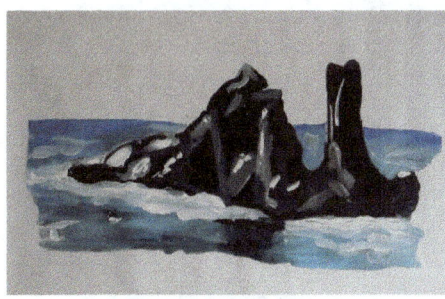
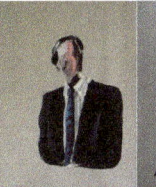
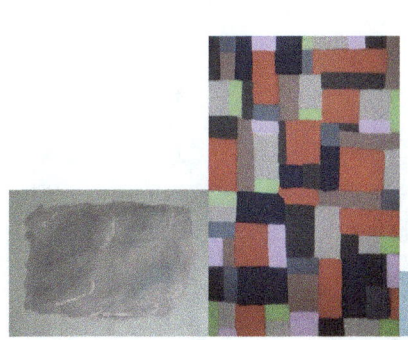
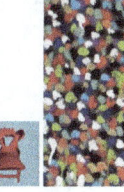
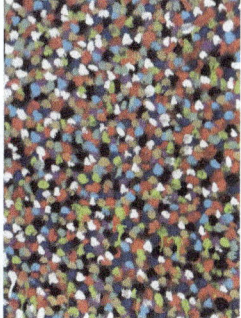

XXXVIII

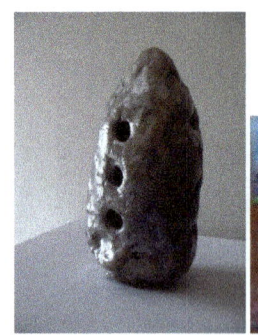
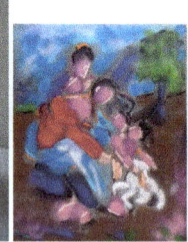
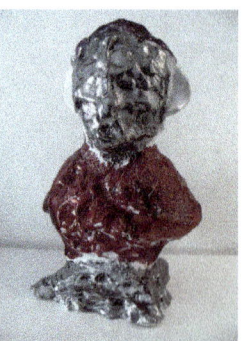
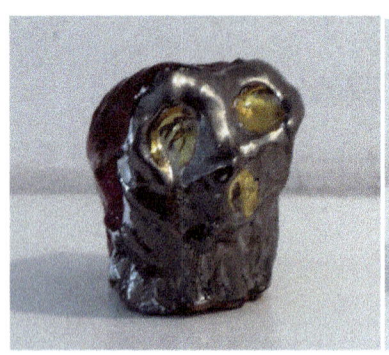
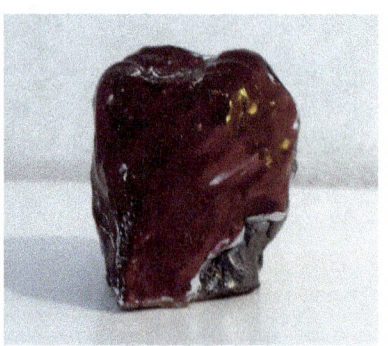
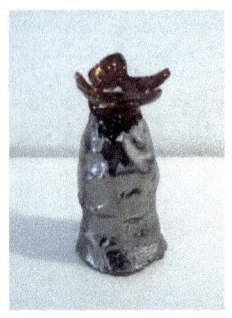
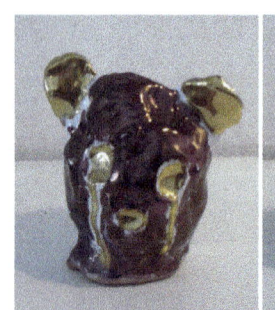
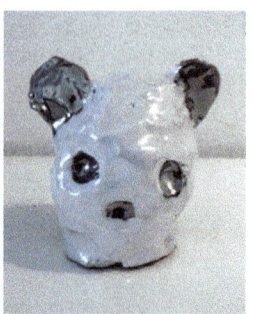

XXXIX

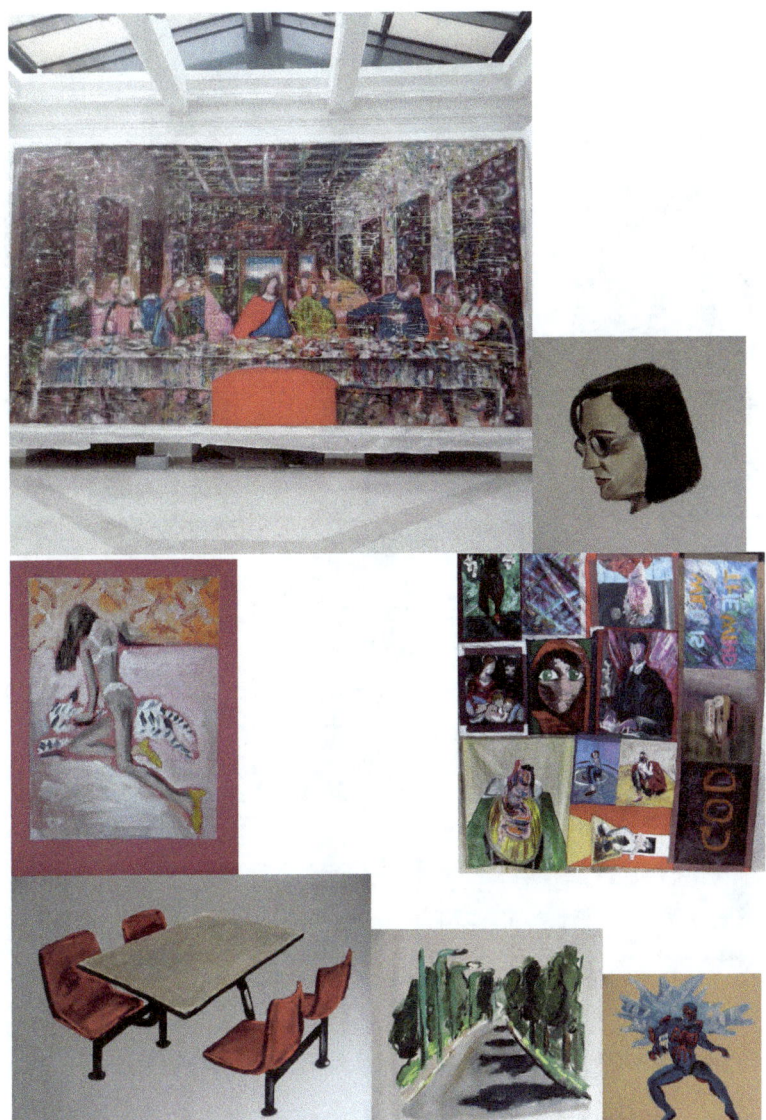

XL

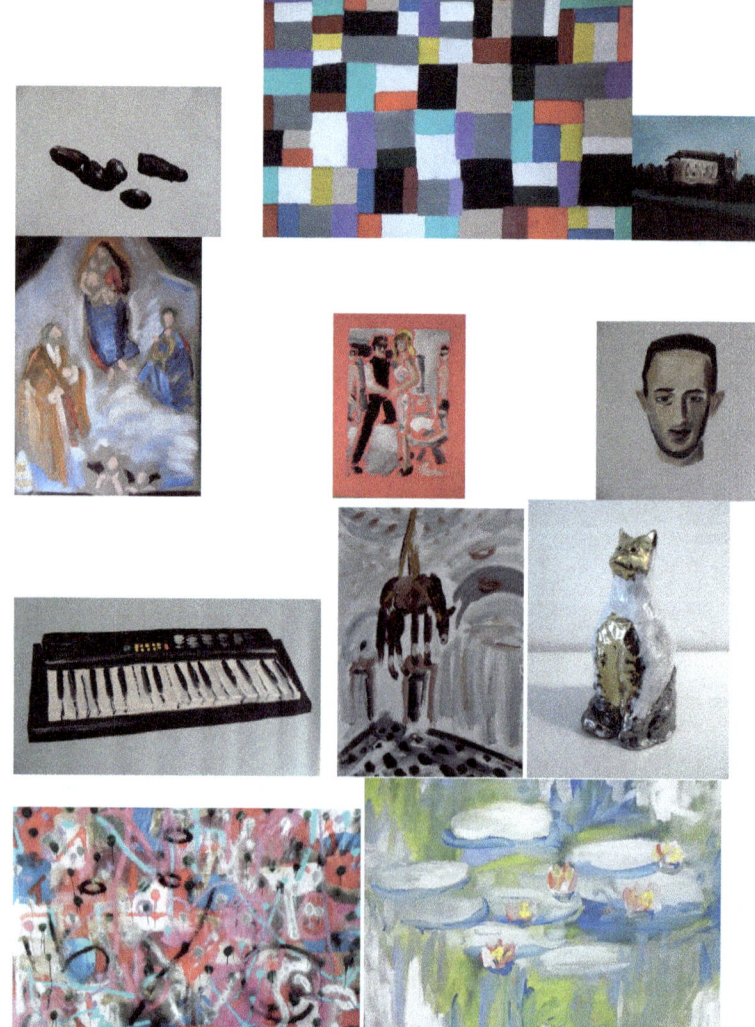

XLI

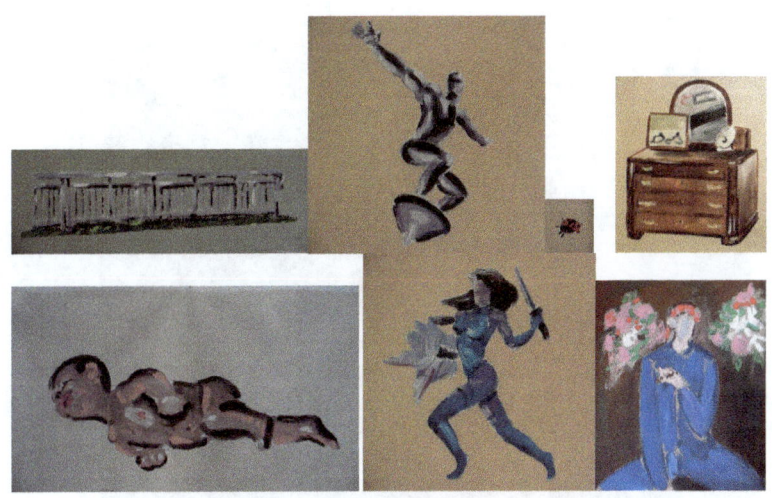

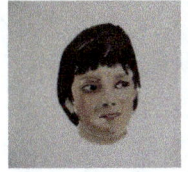
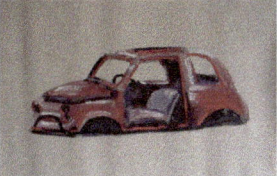
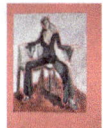
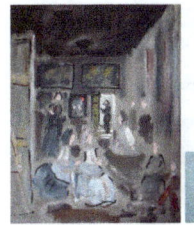
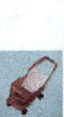
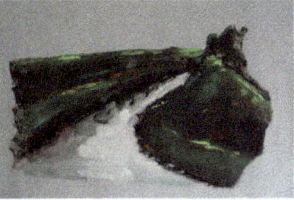
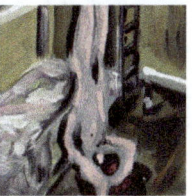

XLII

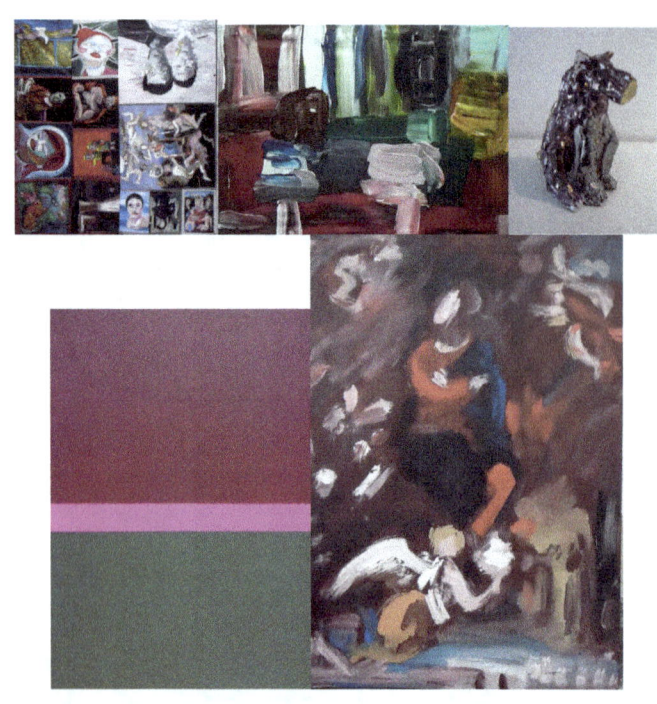

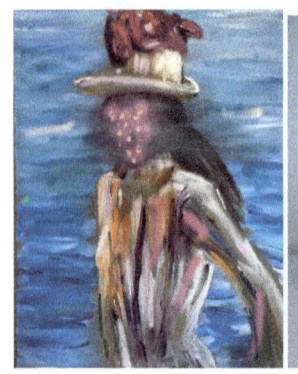

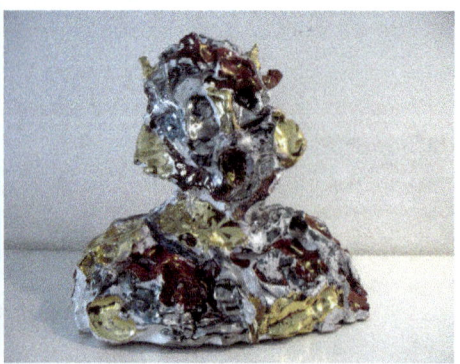

XLIII

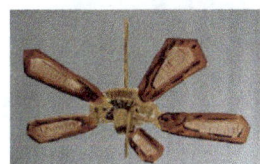
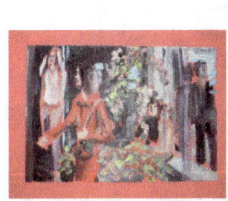
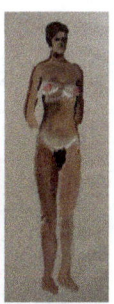
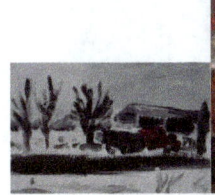
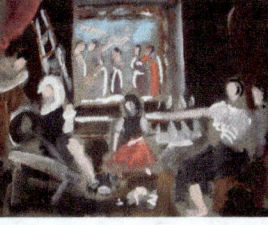
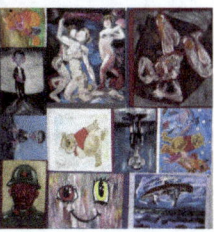
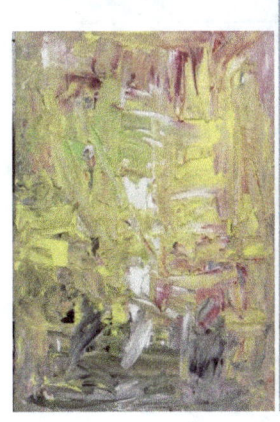
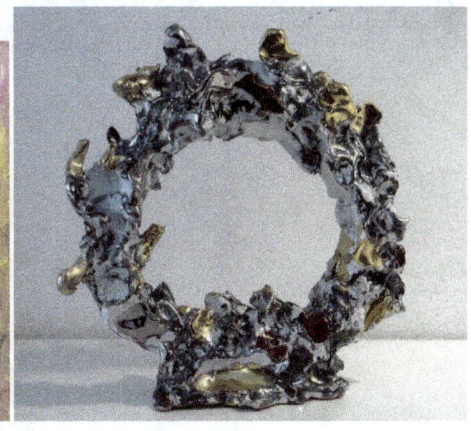

XLIV

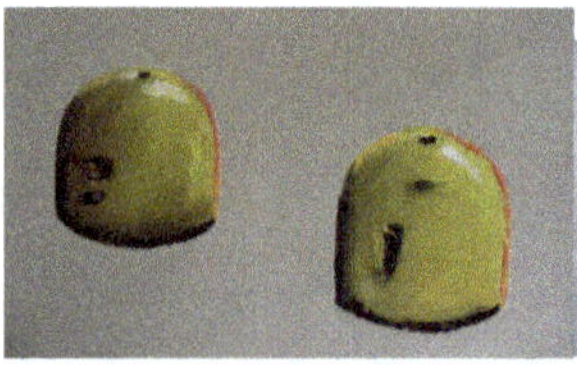

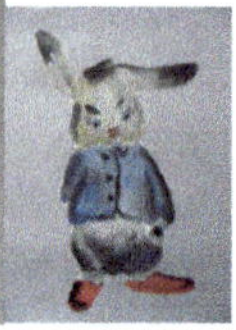

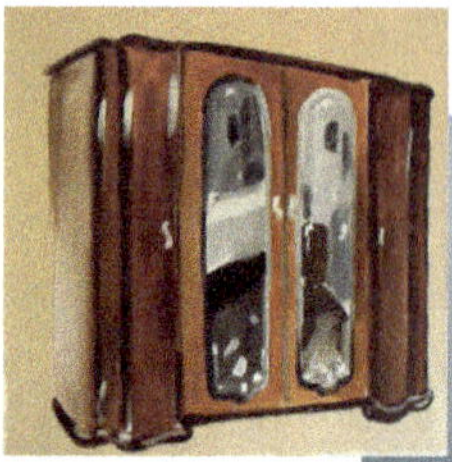

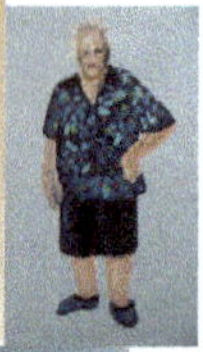

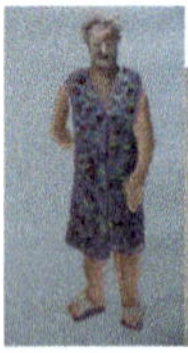

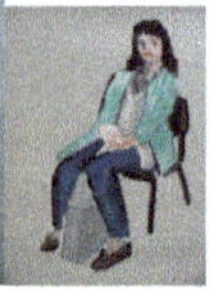

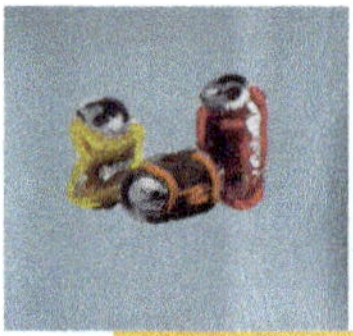

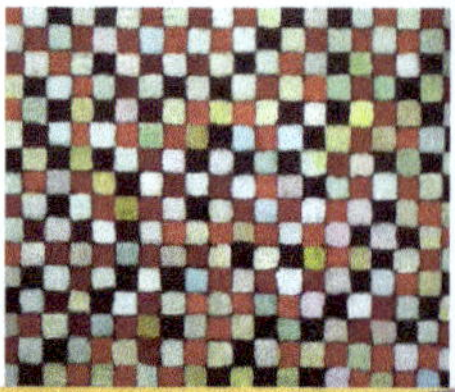

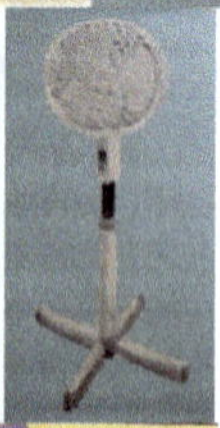

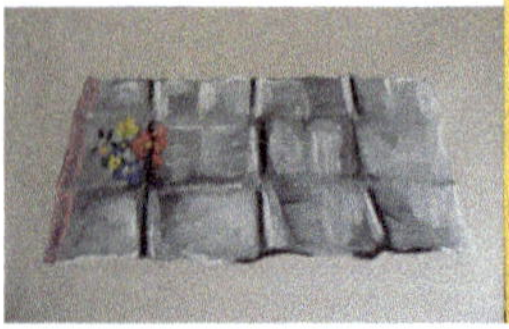

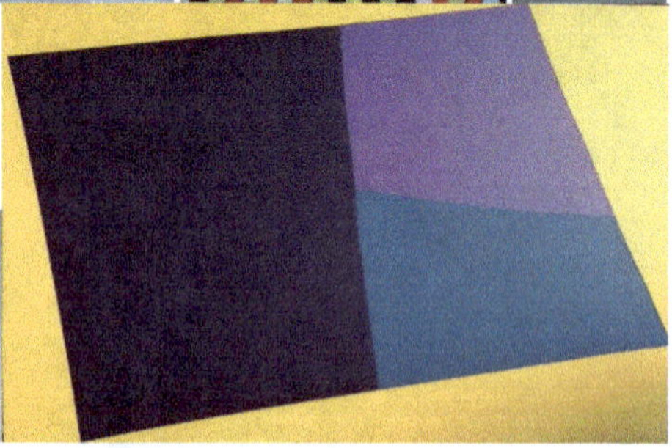

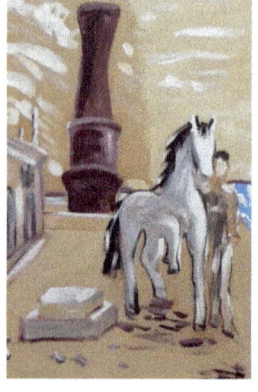

XLV

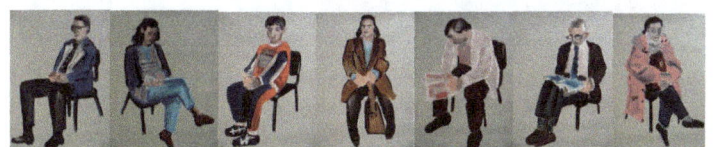

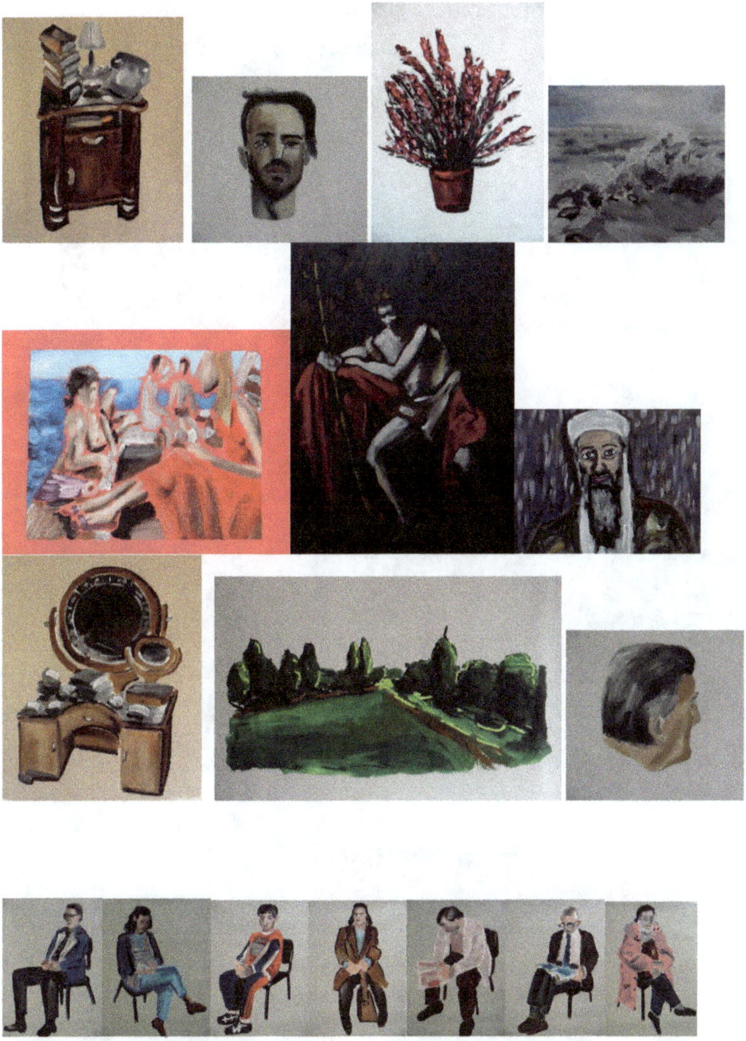

XLVI

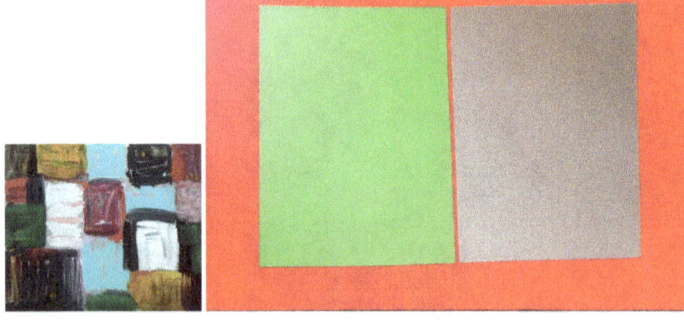
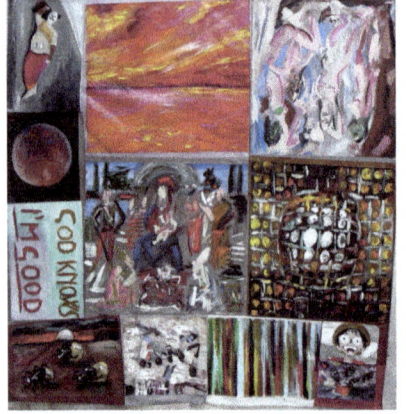
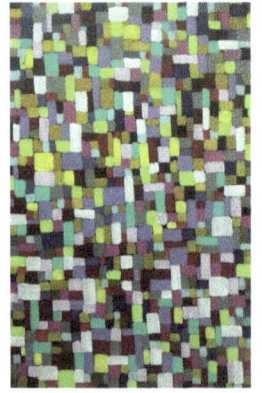
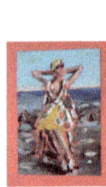
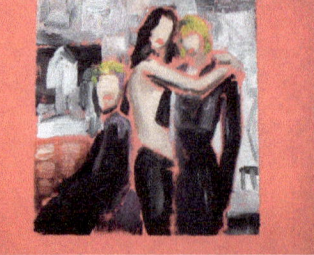
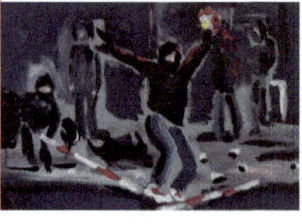

XLVII

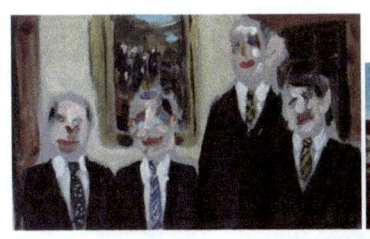
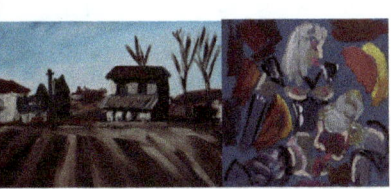
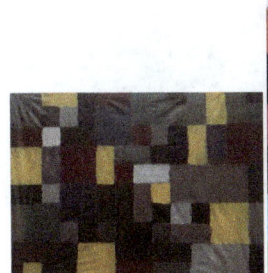
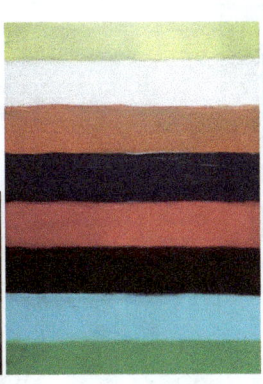
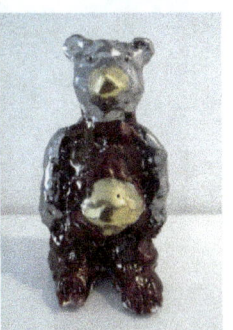
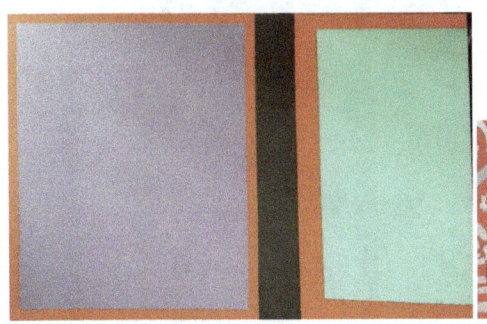
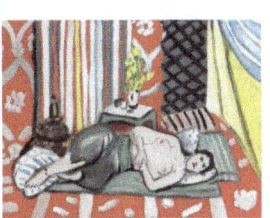

XLVIII

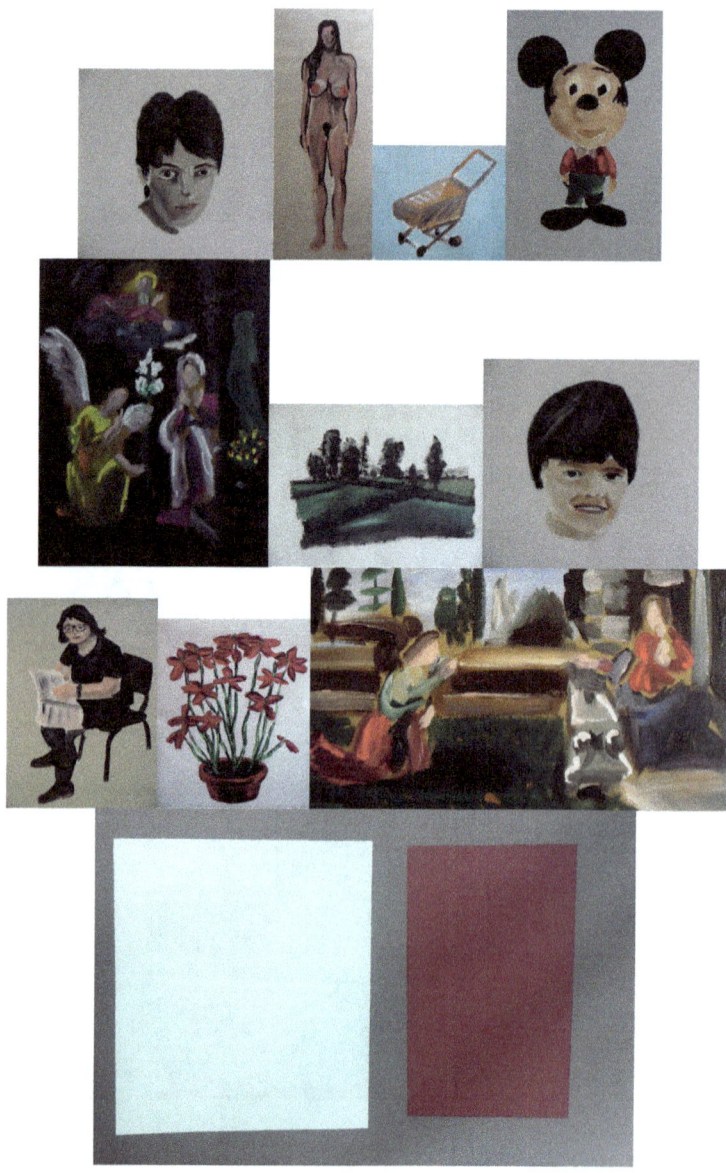

XLIX

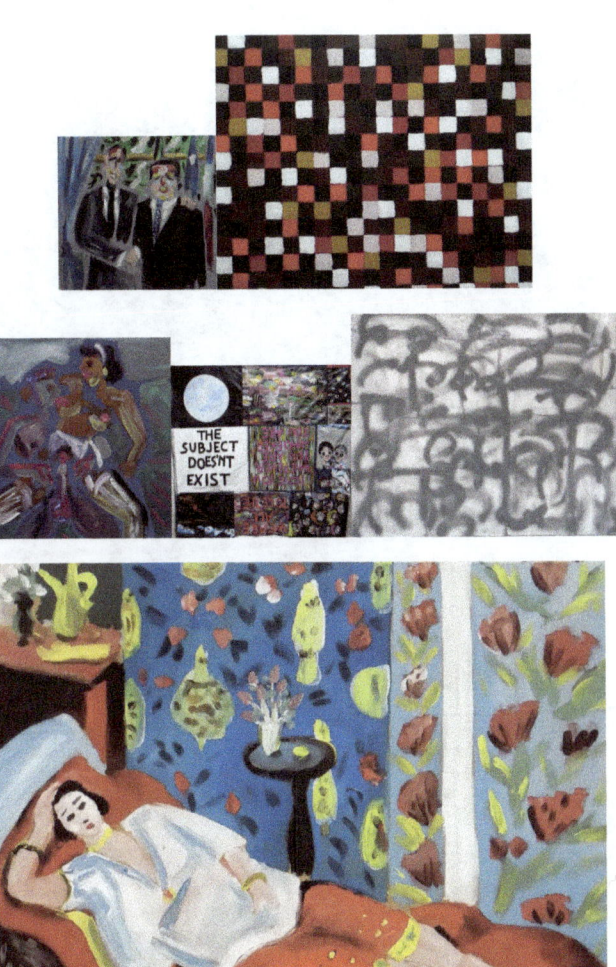

L

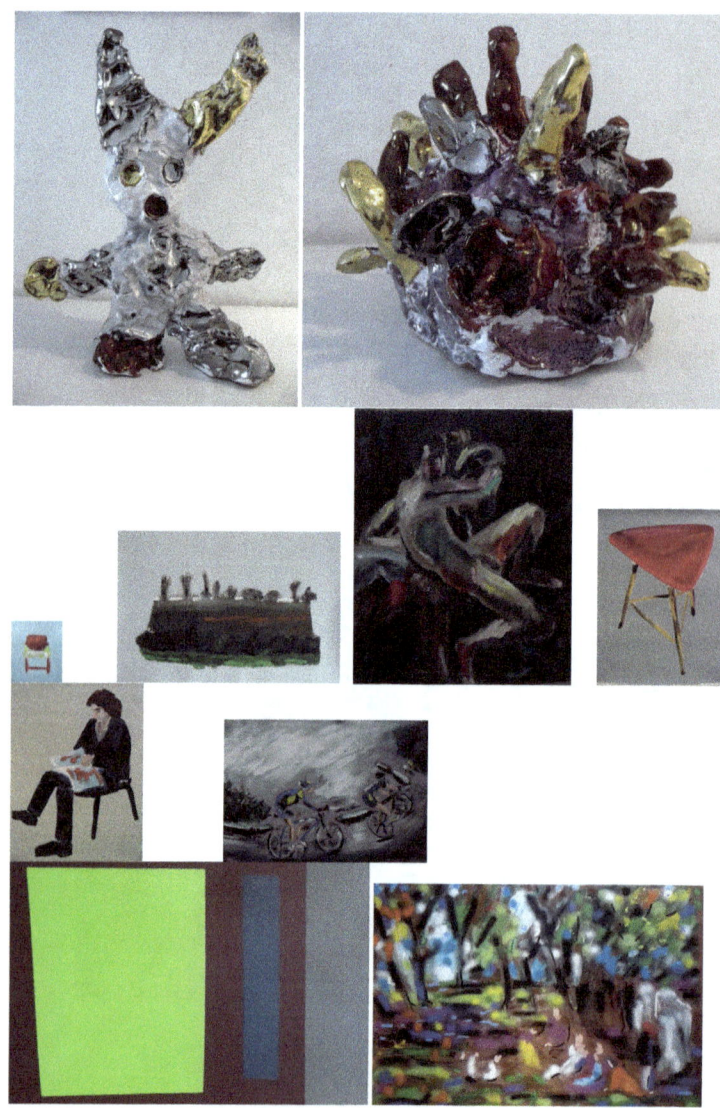

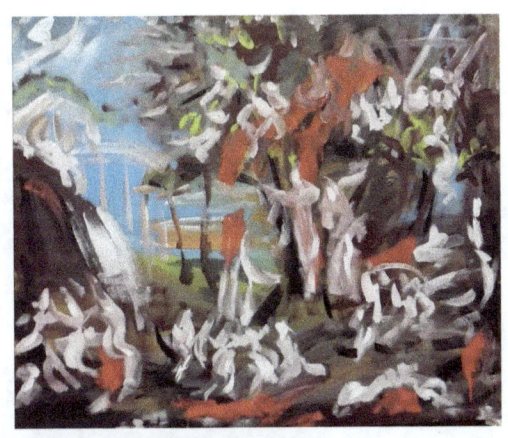
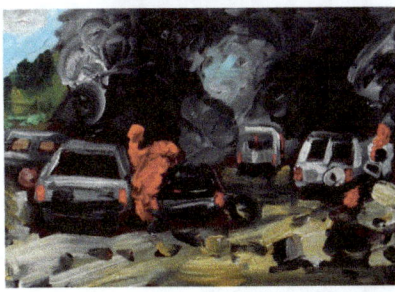
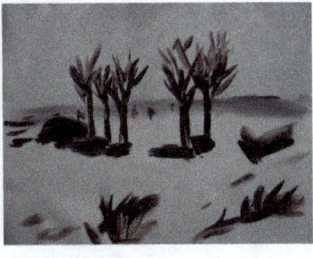
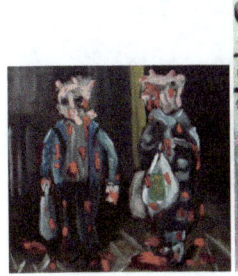
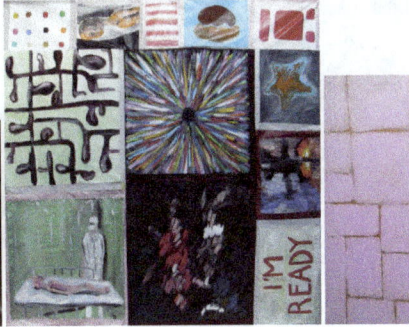

LII

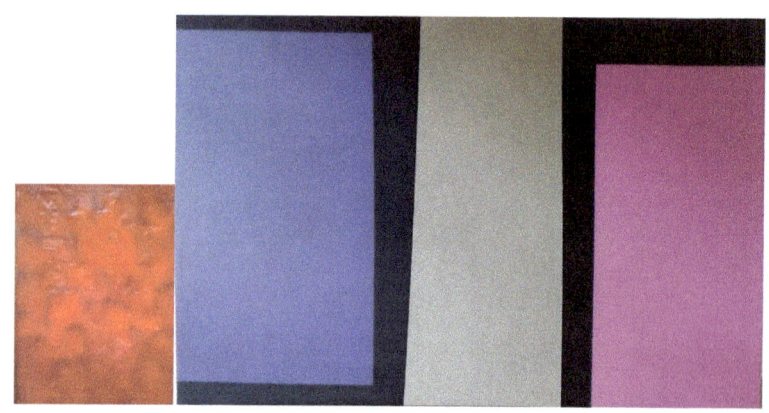

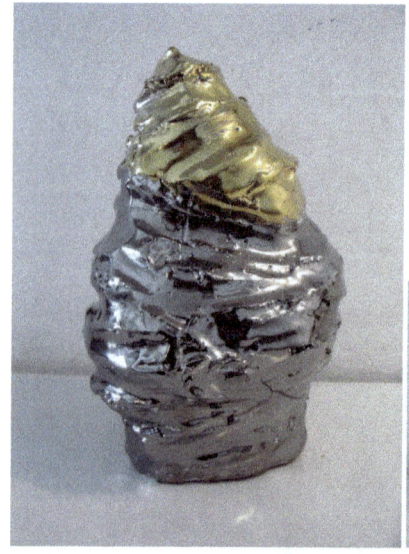

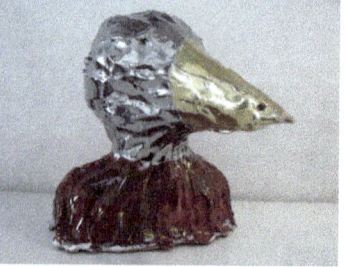

LIII

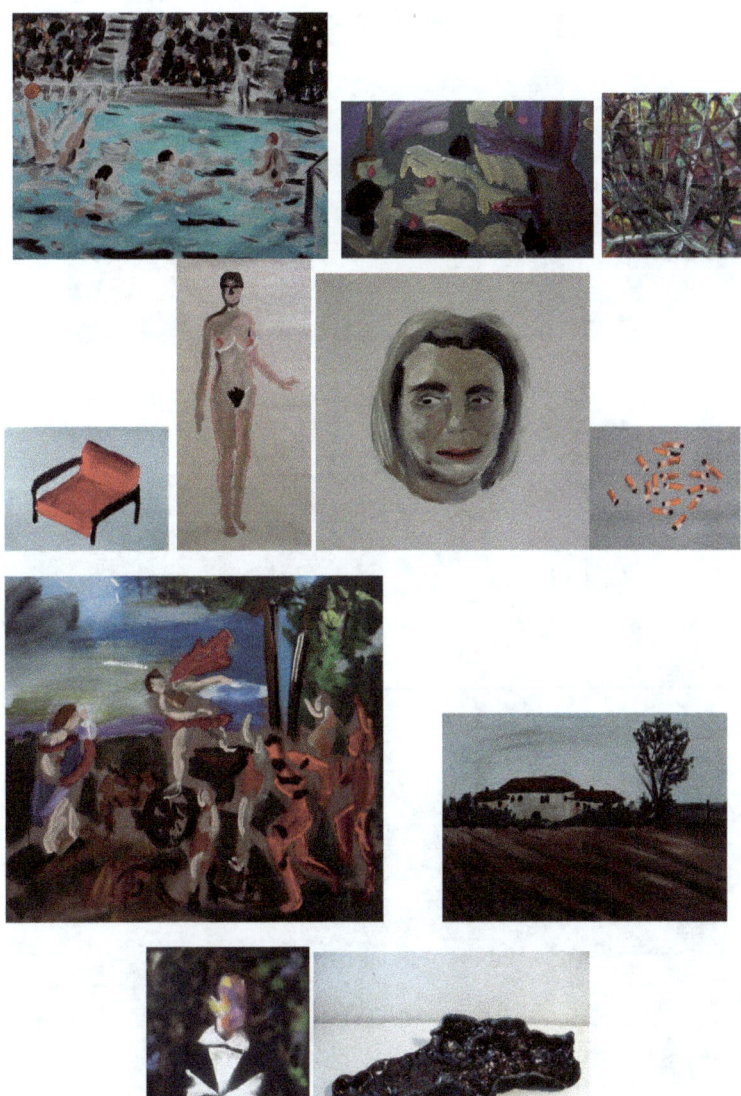

LIV

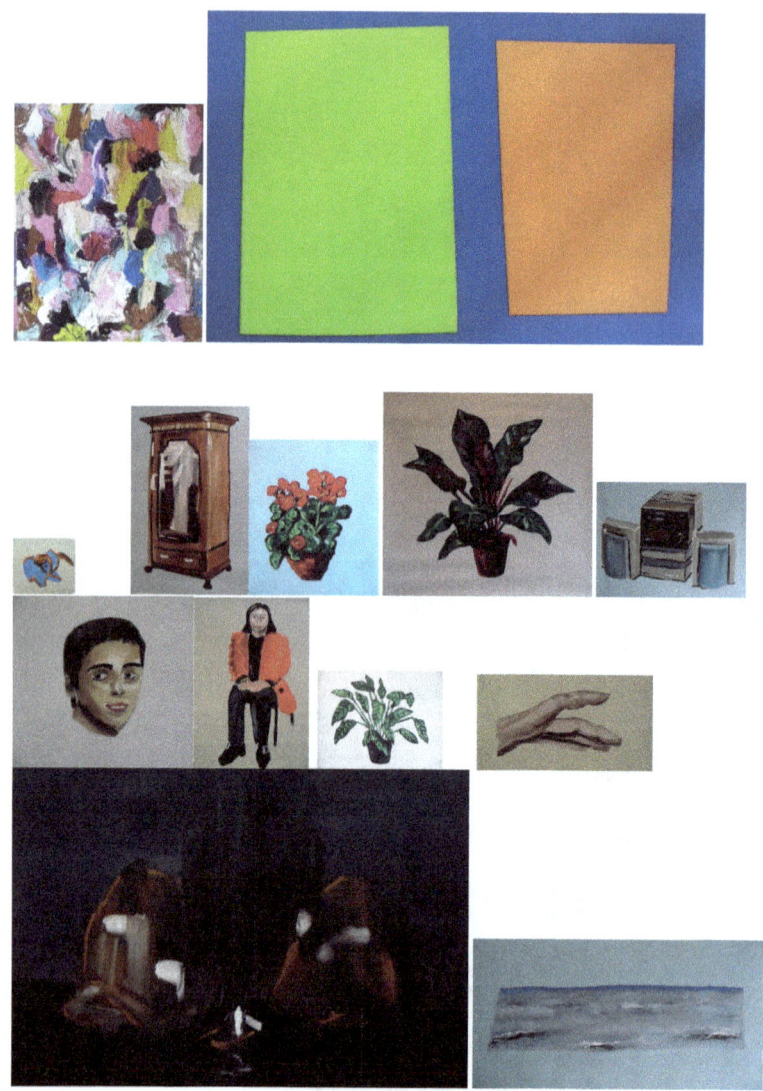

LV

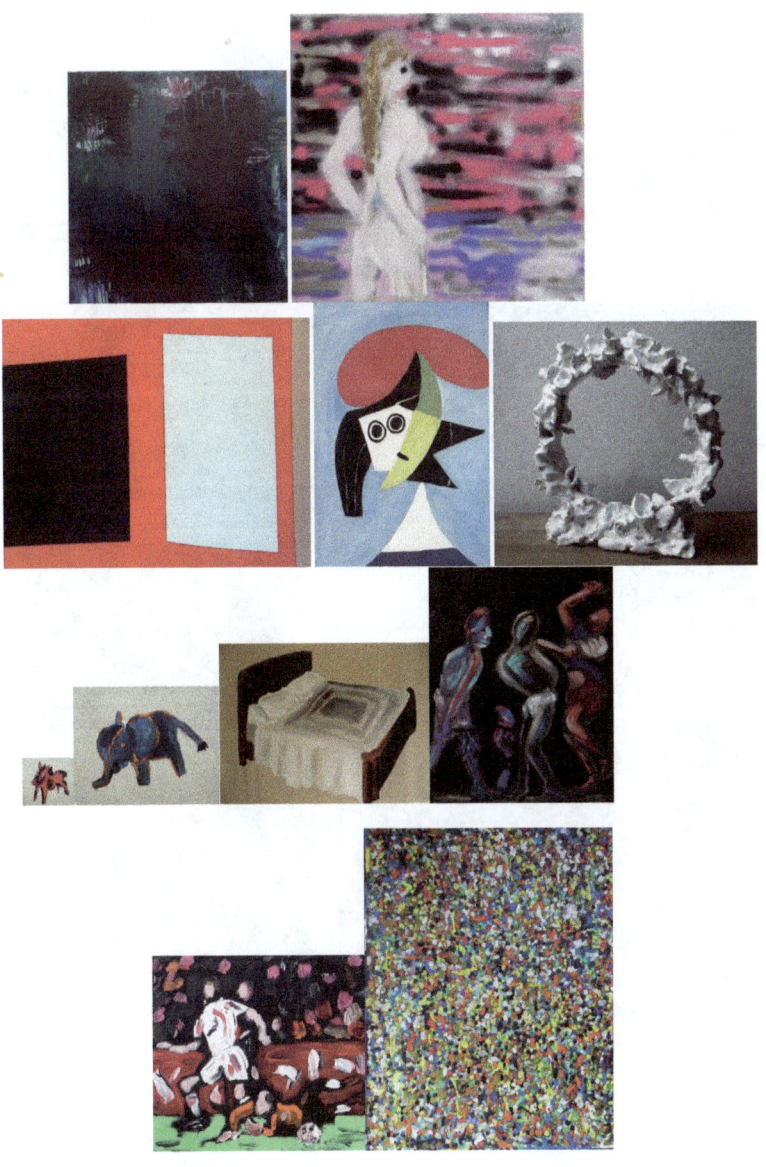

LVI

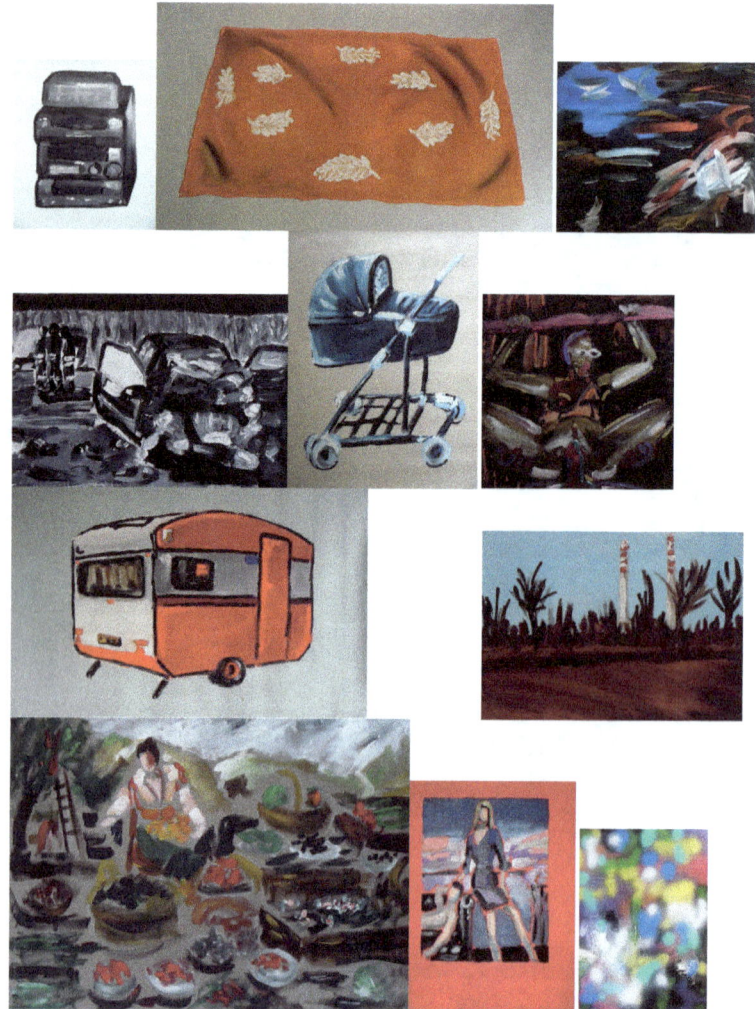

LVII

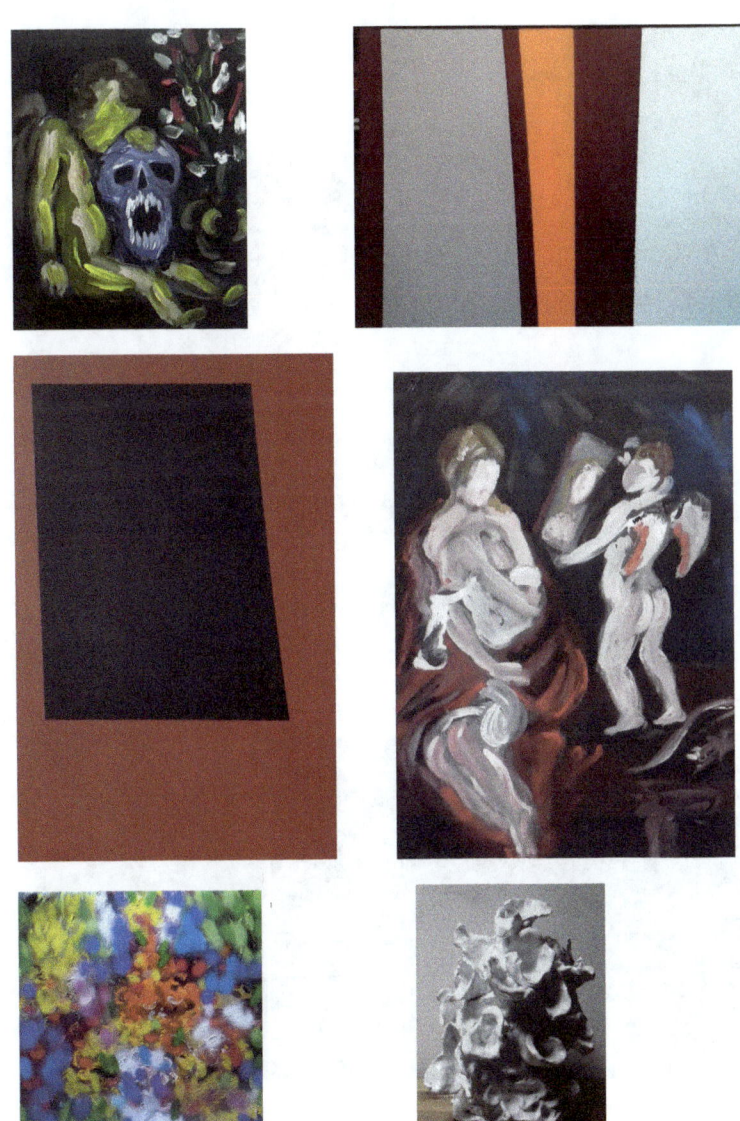

LVIII

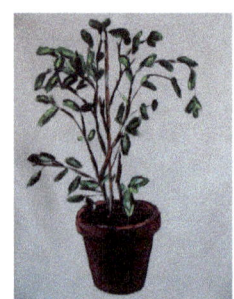
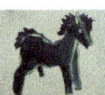
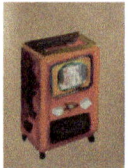
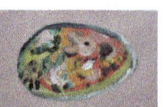
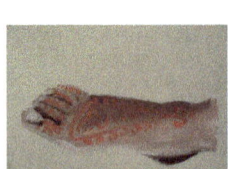
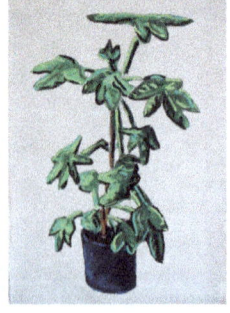
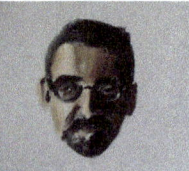
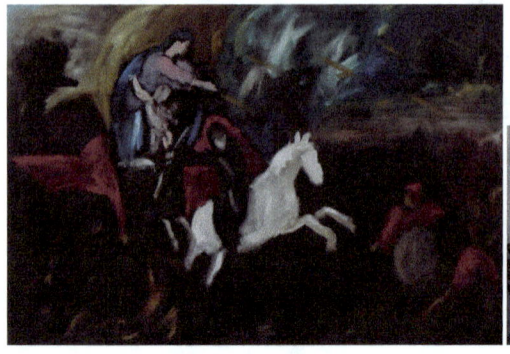
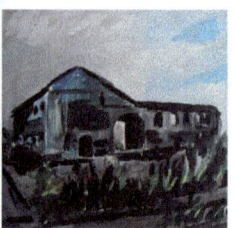

LIX

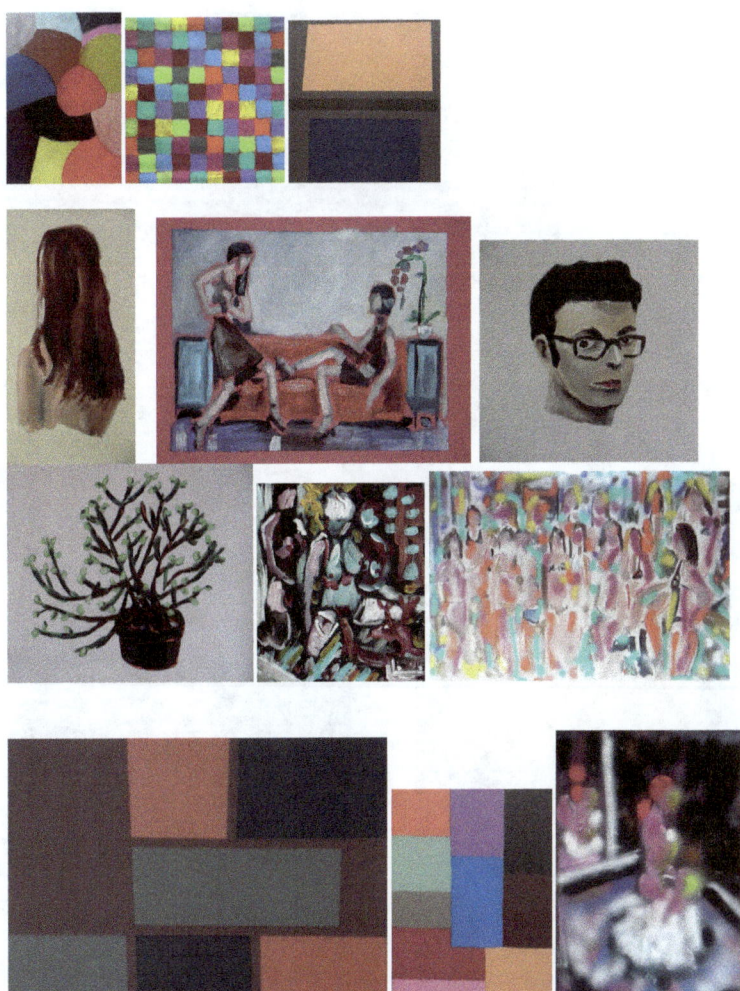

LX

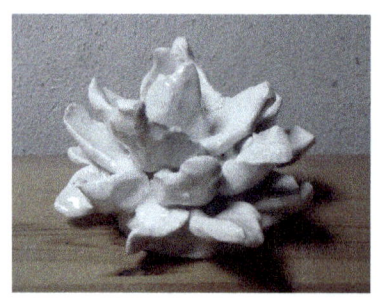

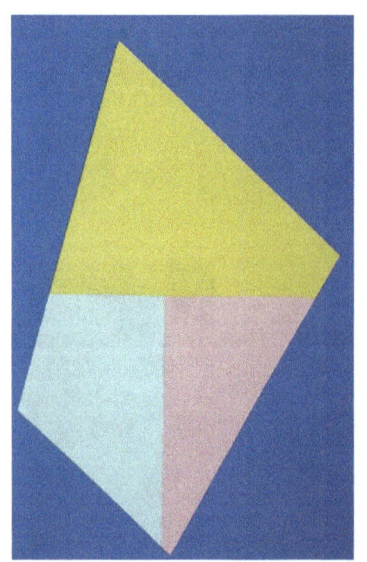

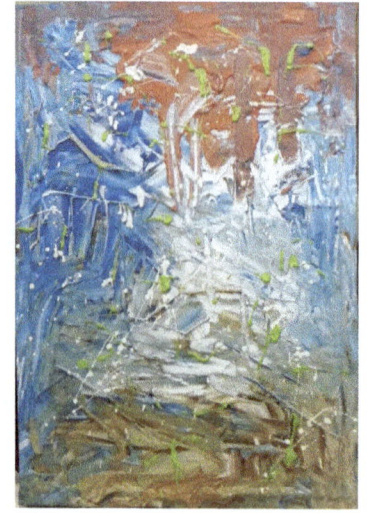

LXI

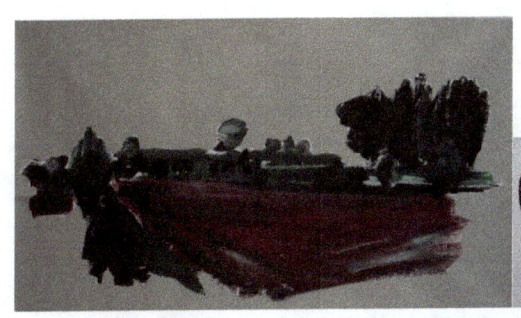
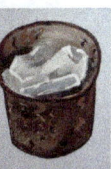
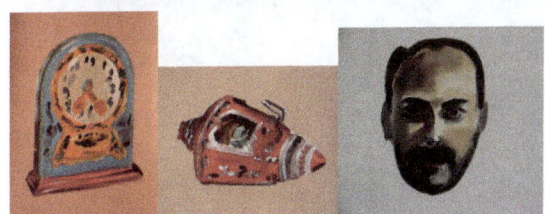
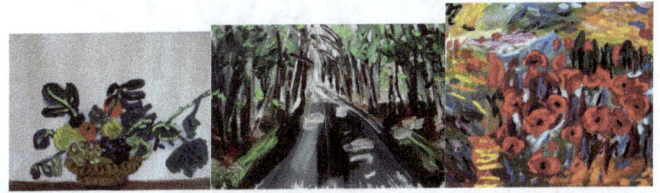
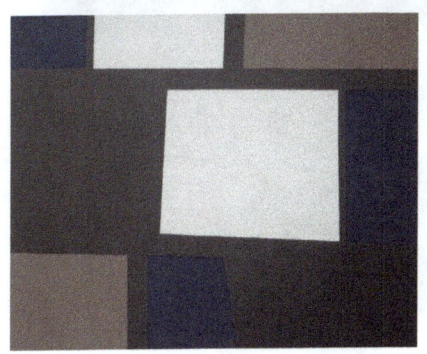
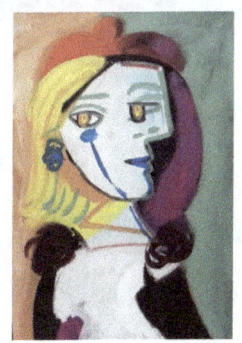

LXII

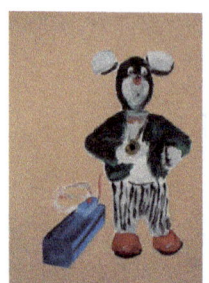
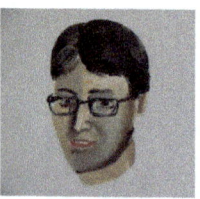
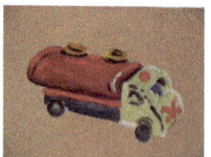
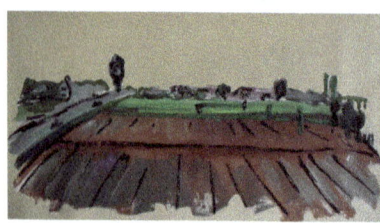
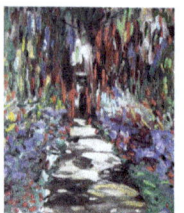
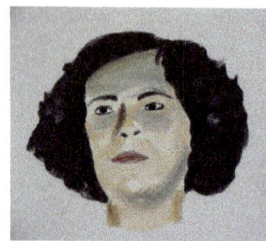
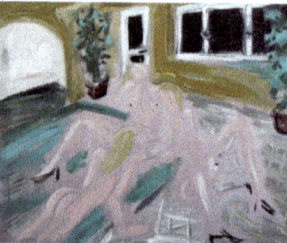
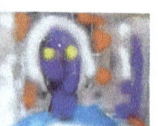
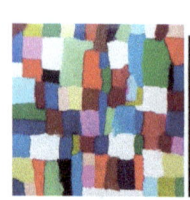
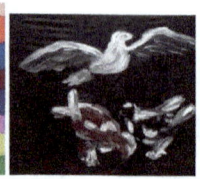
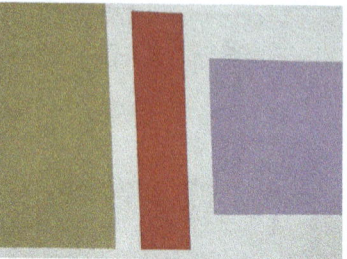

LXIII

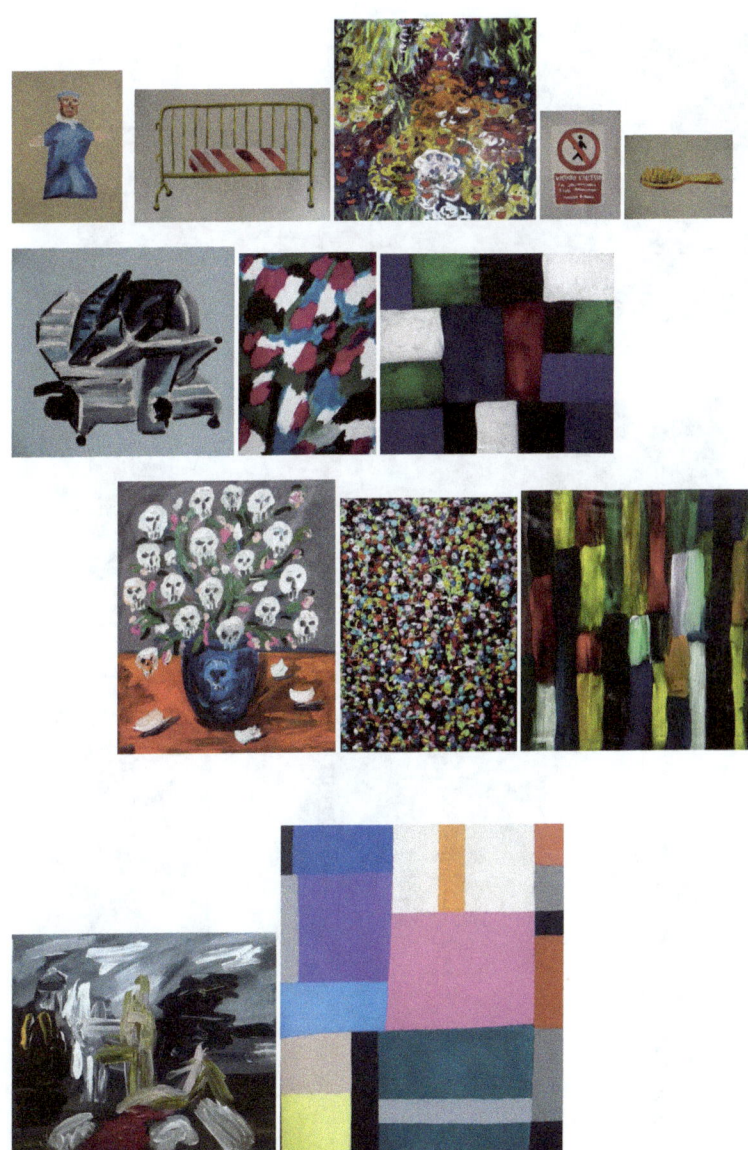

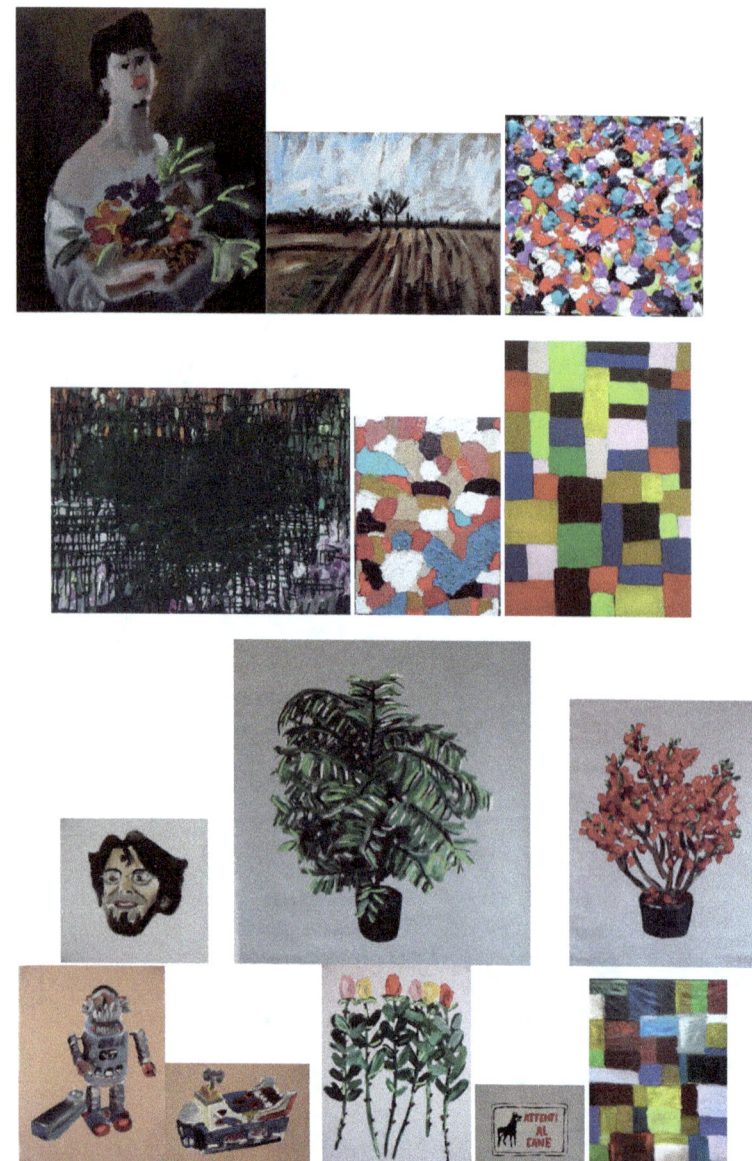

LXV

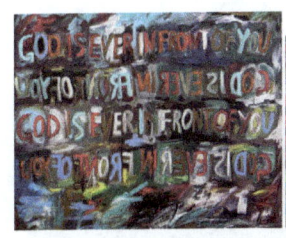
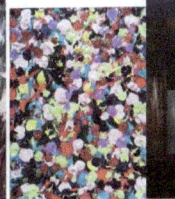
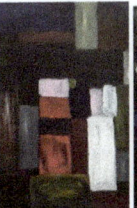
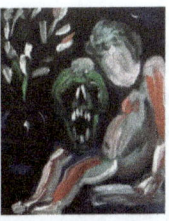
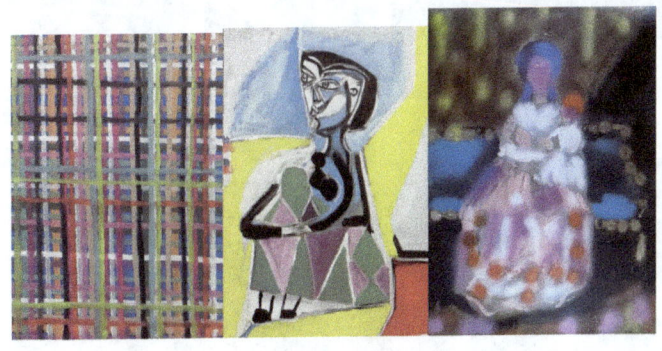
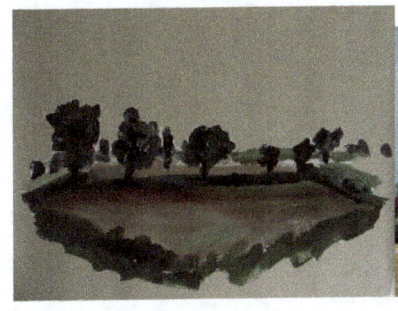
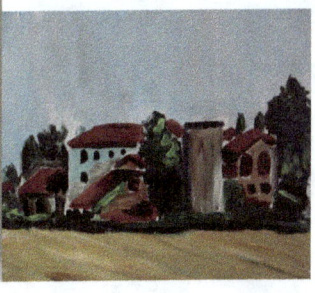

LXVI

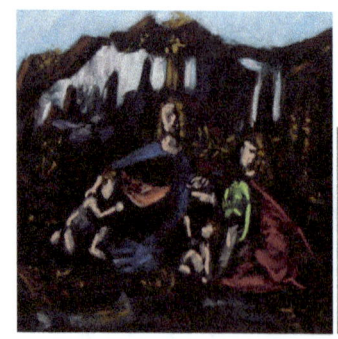
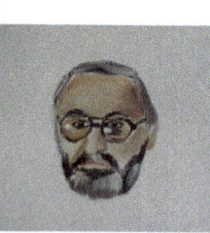
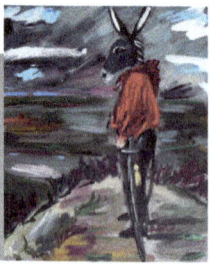
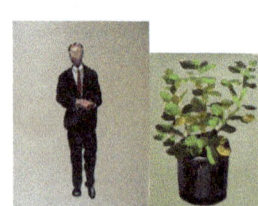
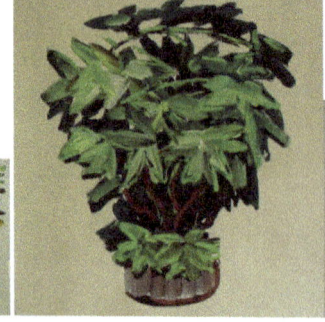
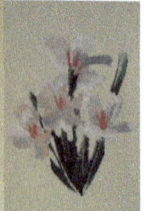
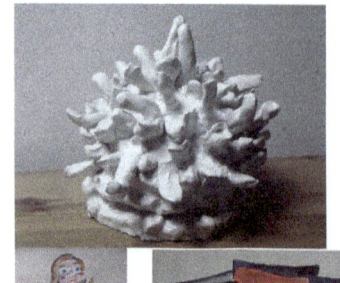
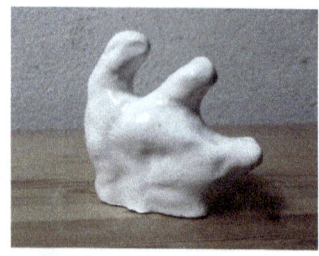
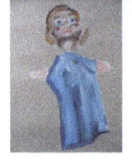
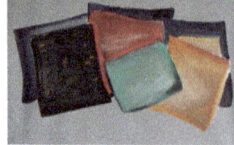
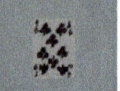
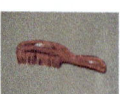
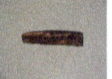

LXVII

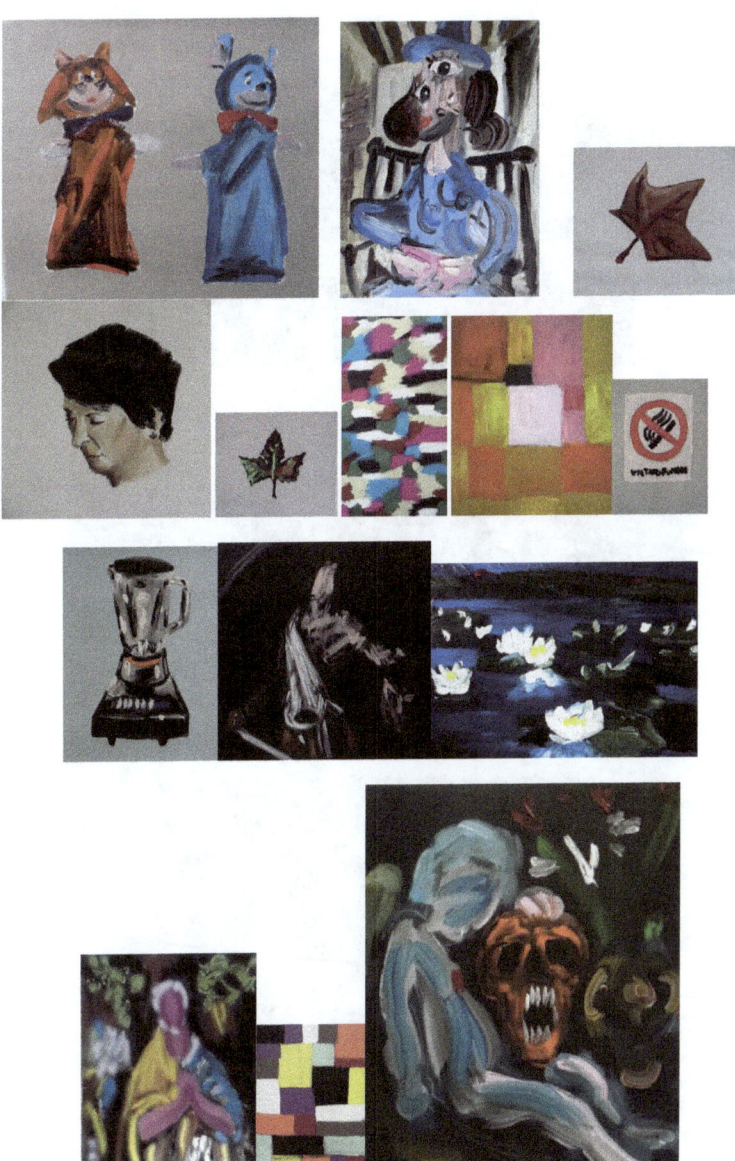

LXVIII

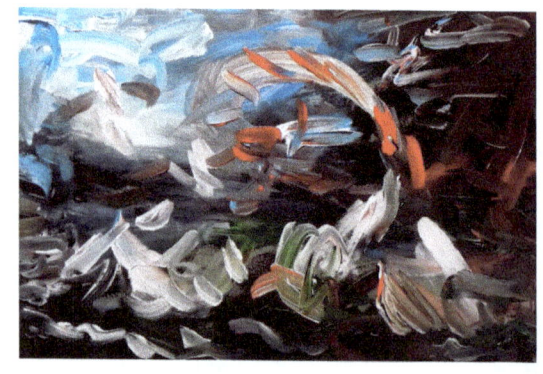

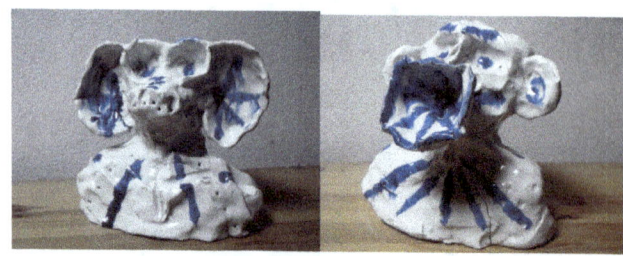

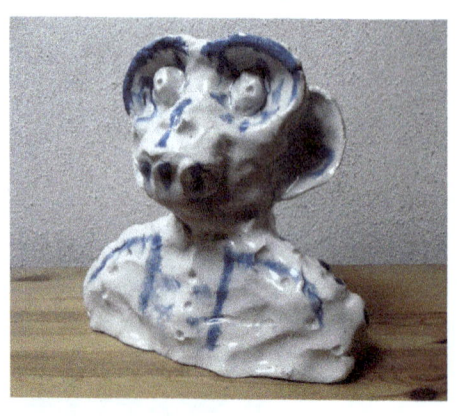

LXIX

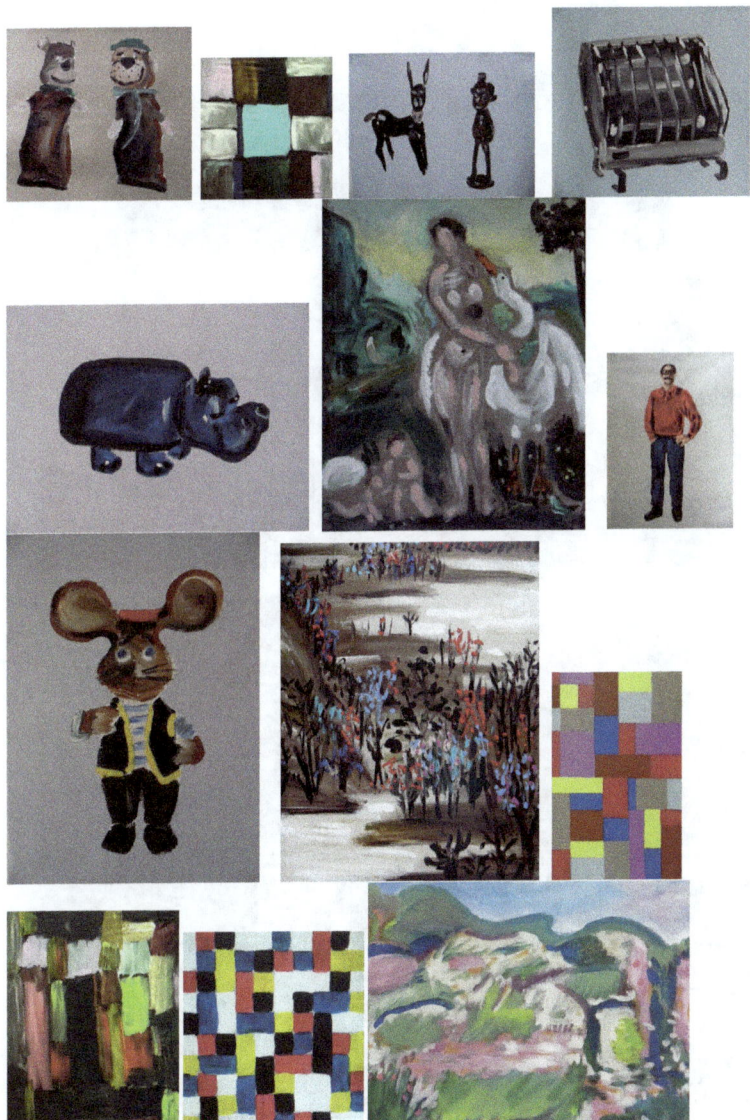

LXX

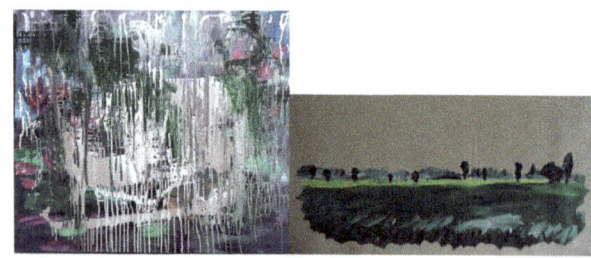
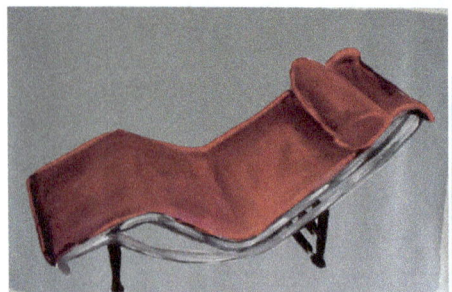
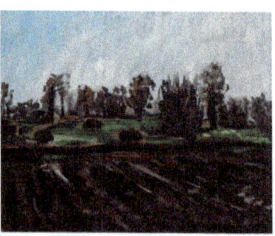

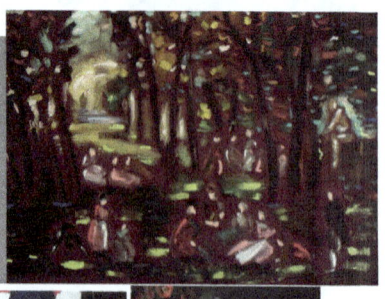
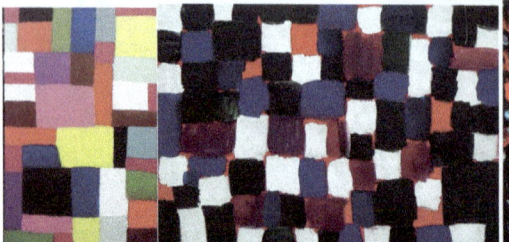
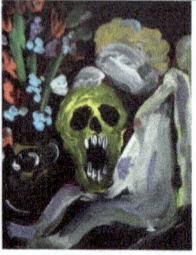

LXXI

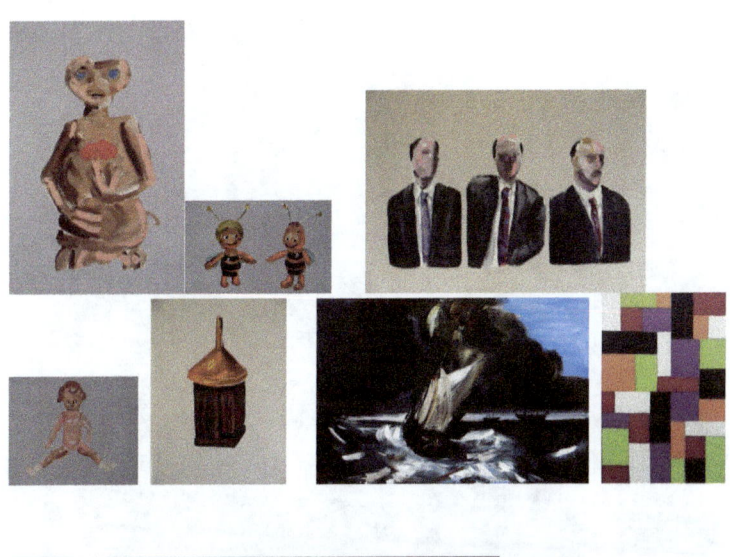

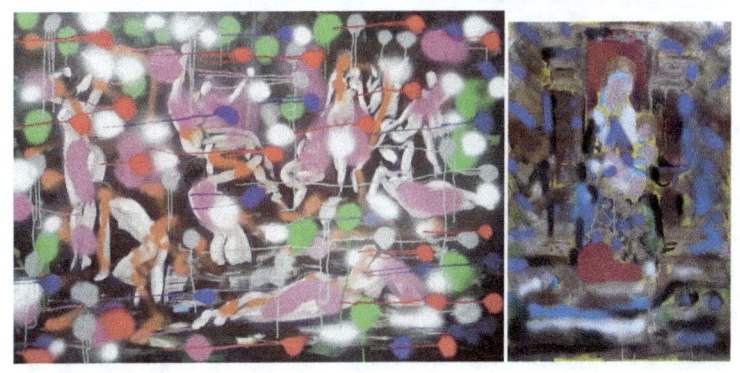

LXXII

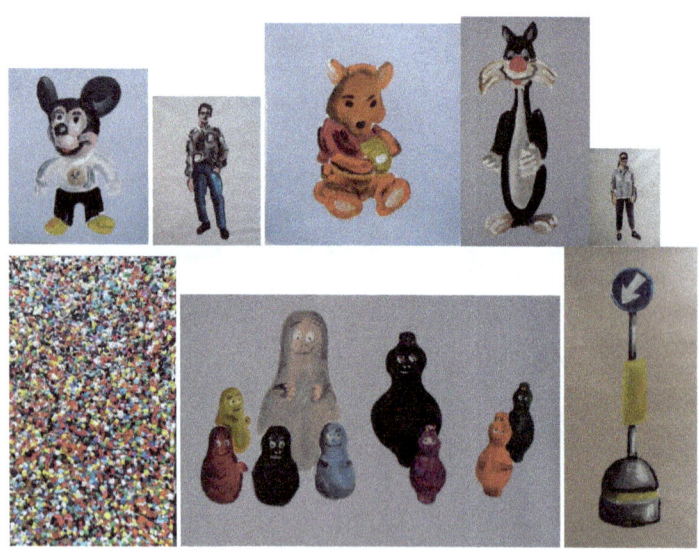

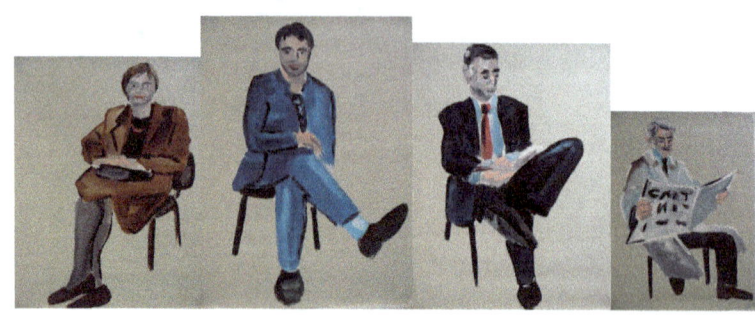

LXXIII

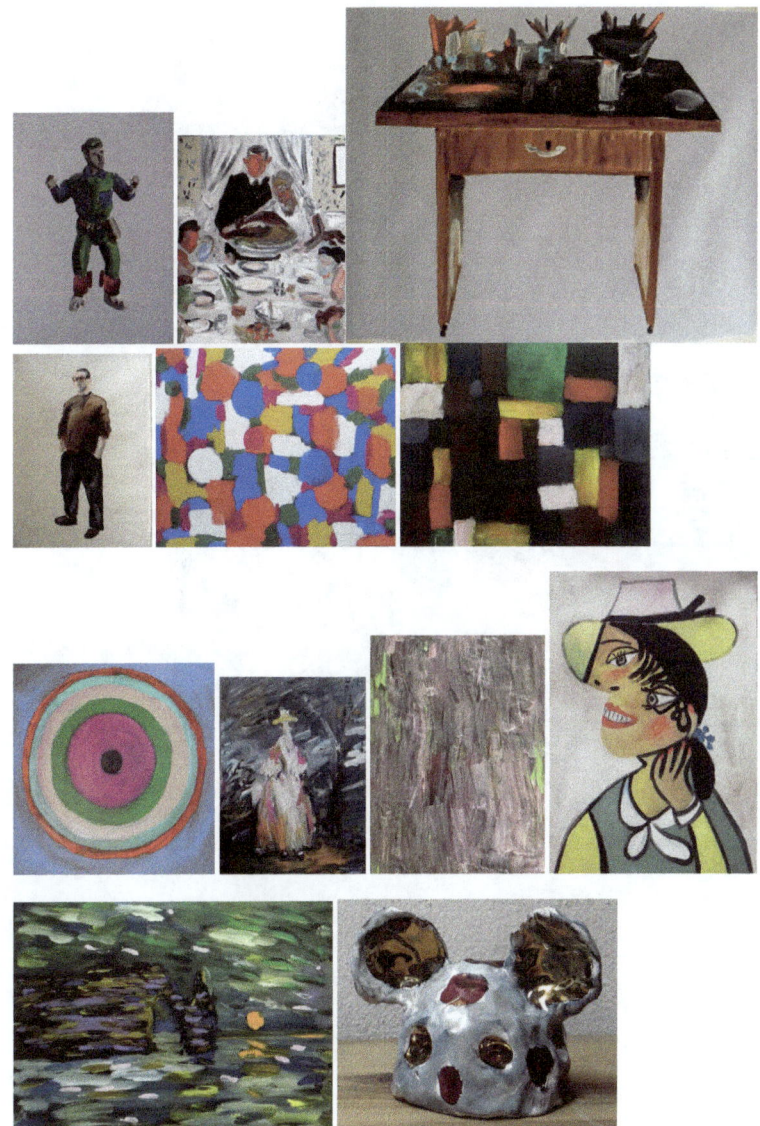

LXXIV

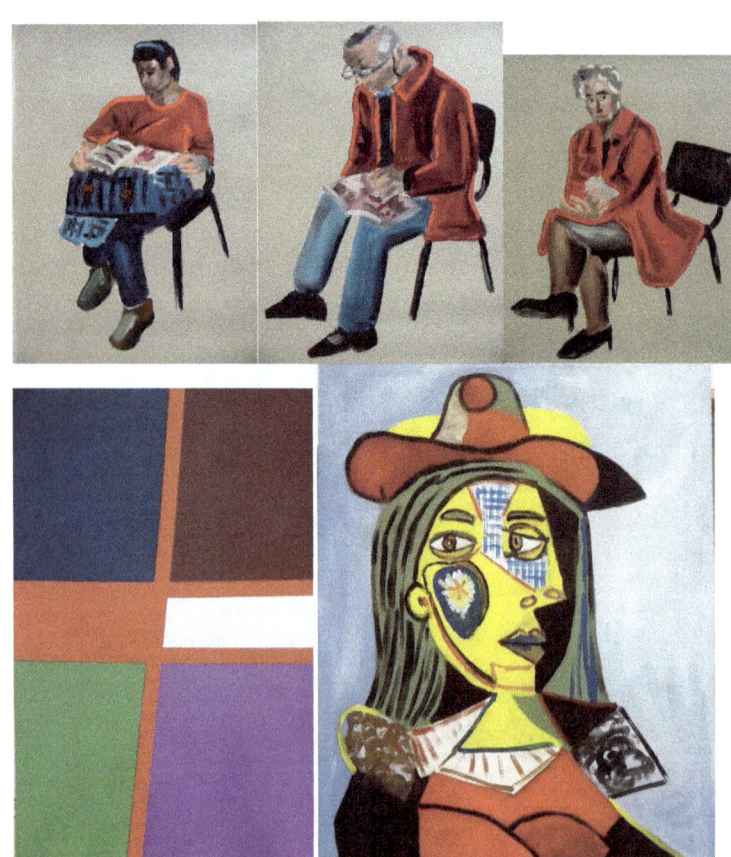

LXXV

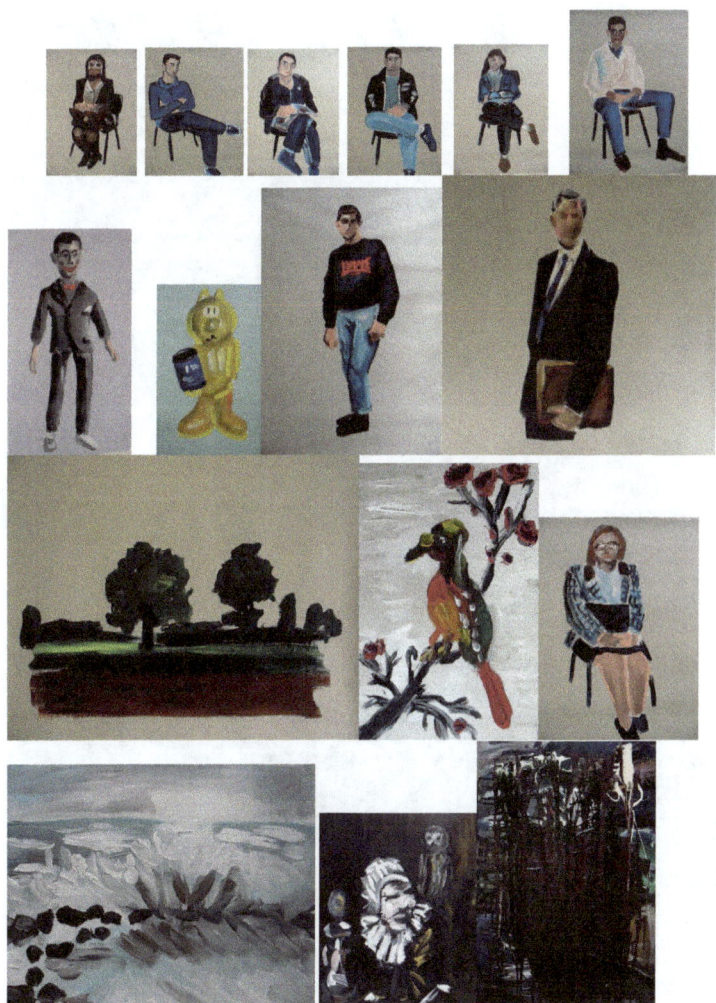

LXXVI

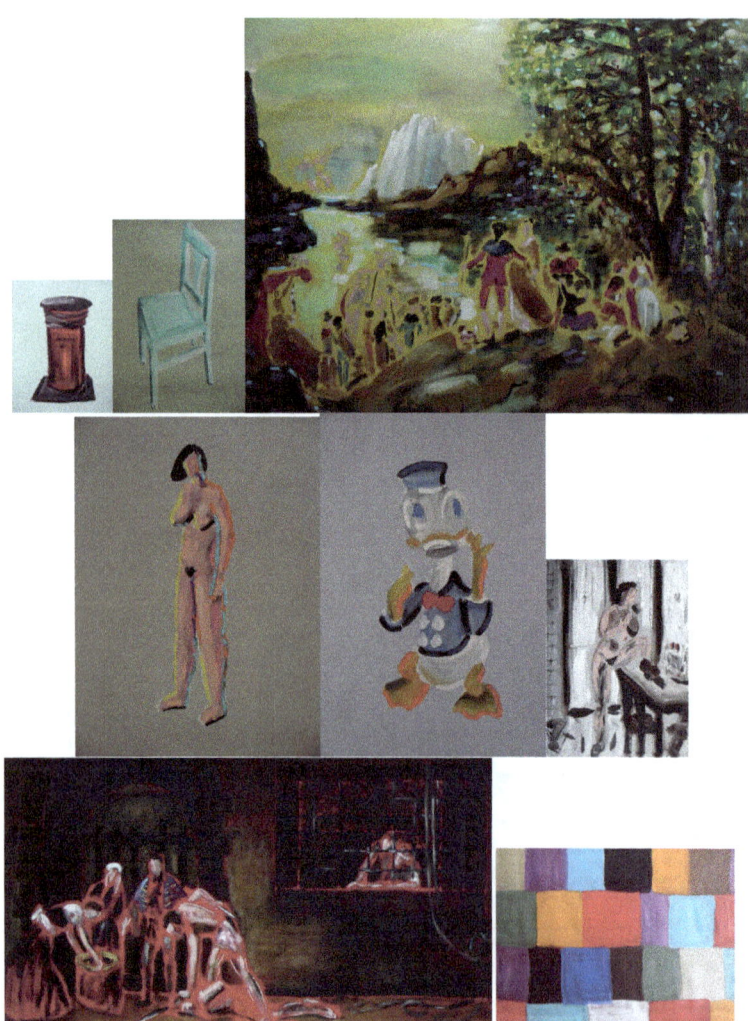

LXXVII

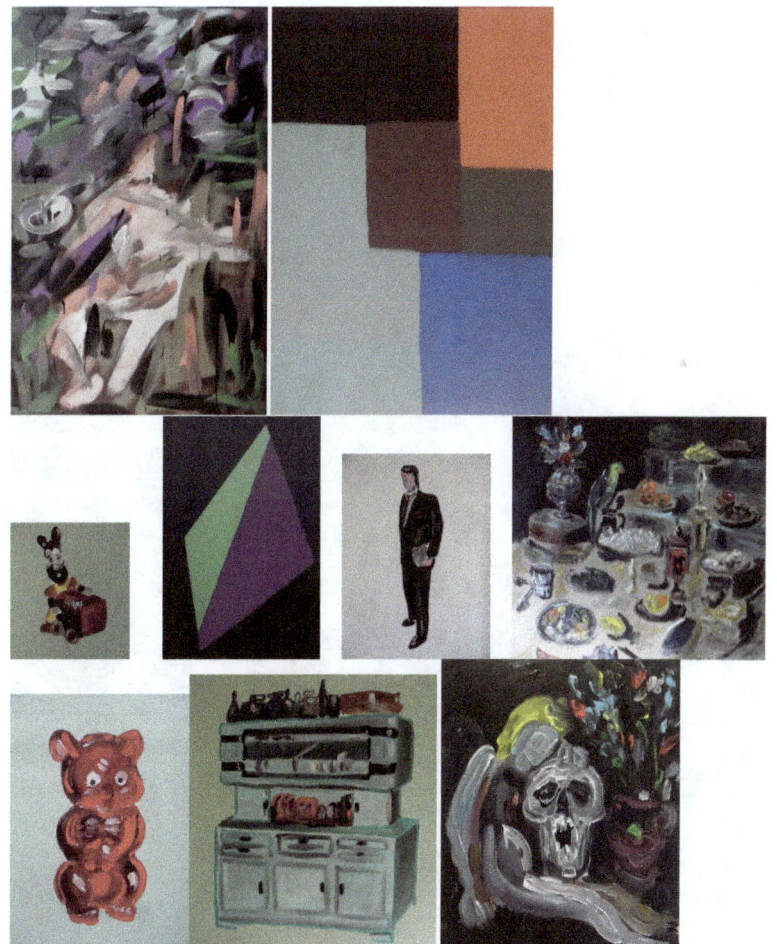

LXXVIII

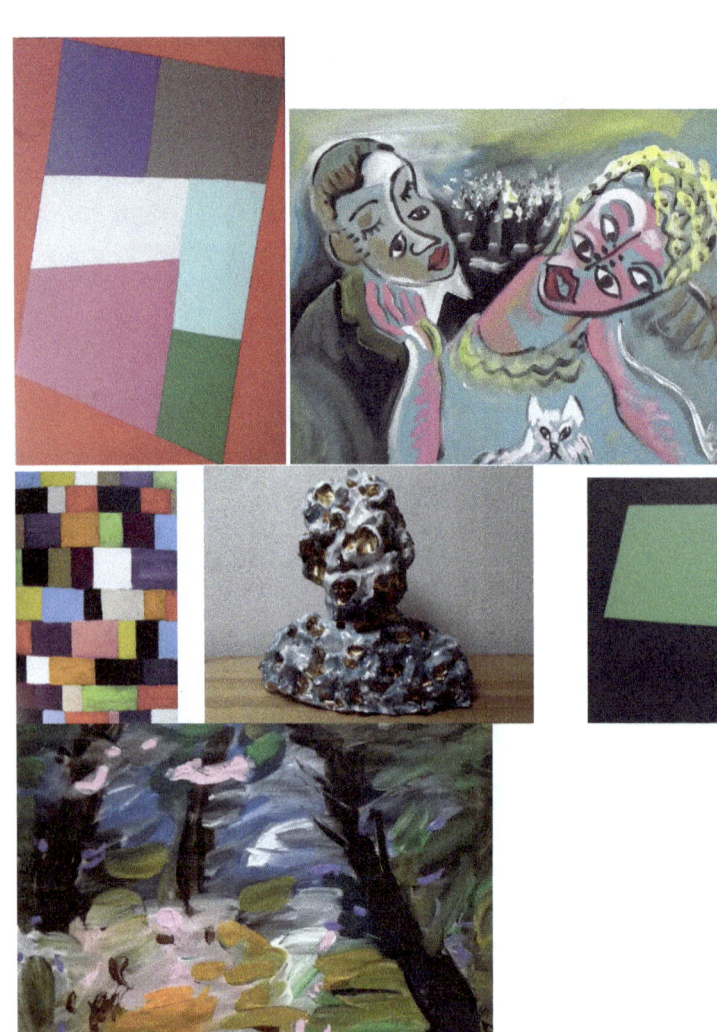

LXXIX

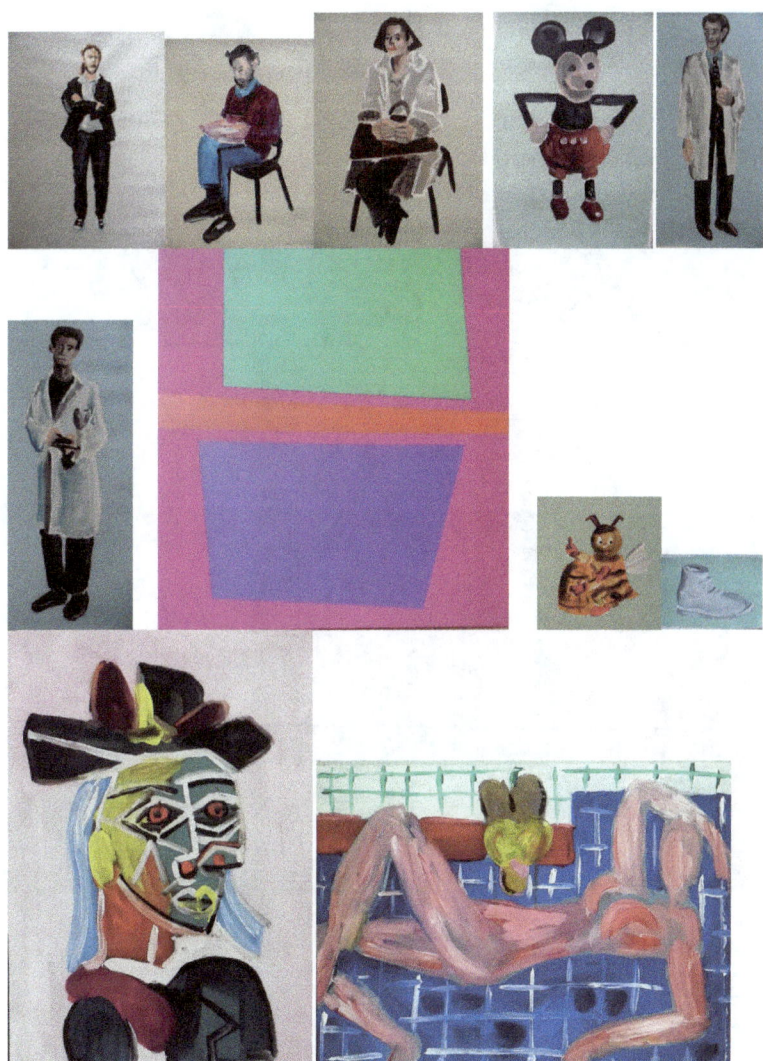

LXXX

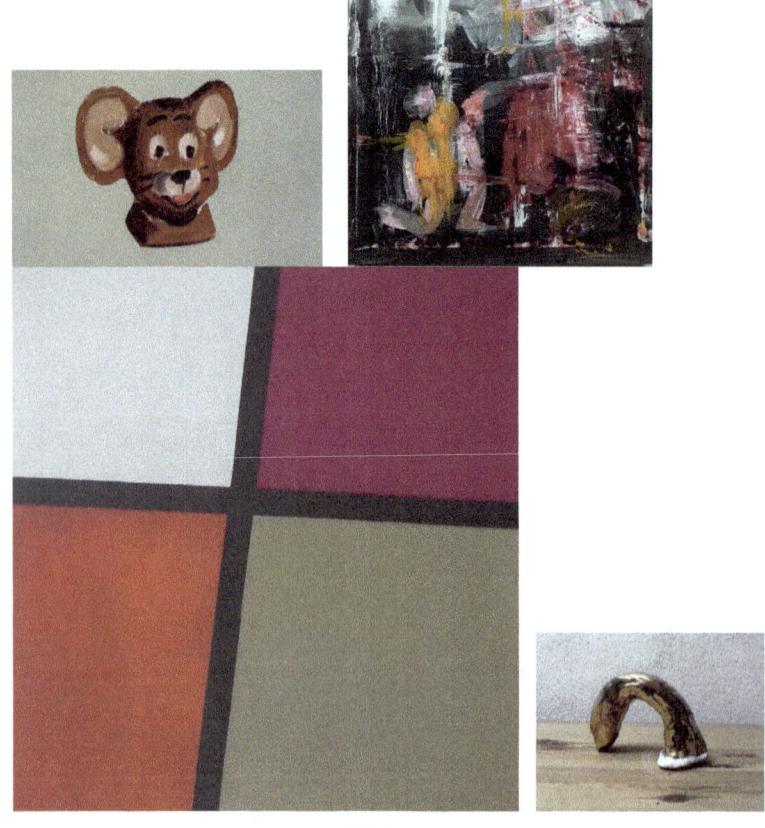

LXXXI

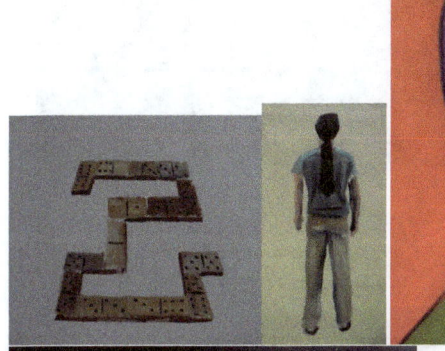
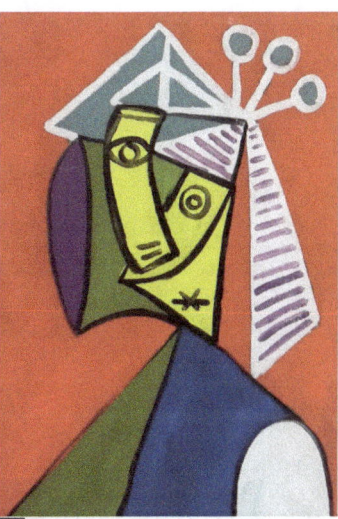
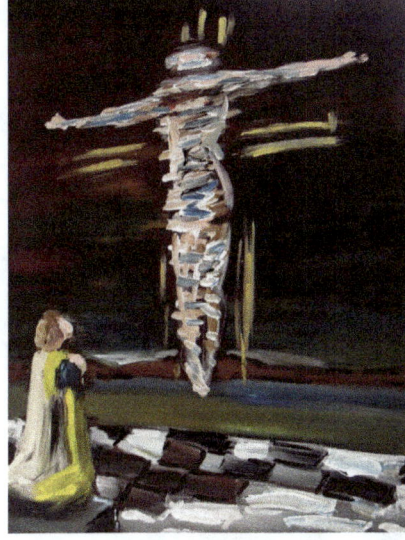
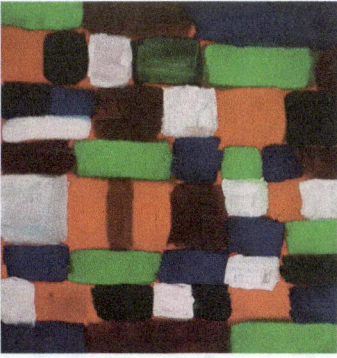

LXXXII

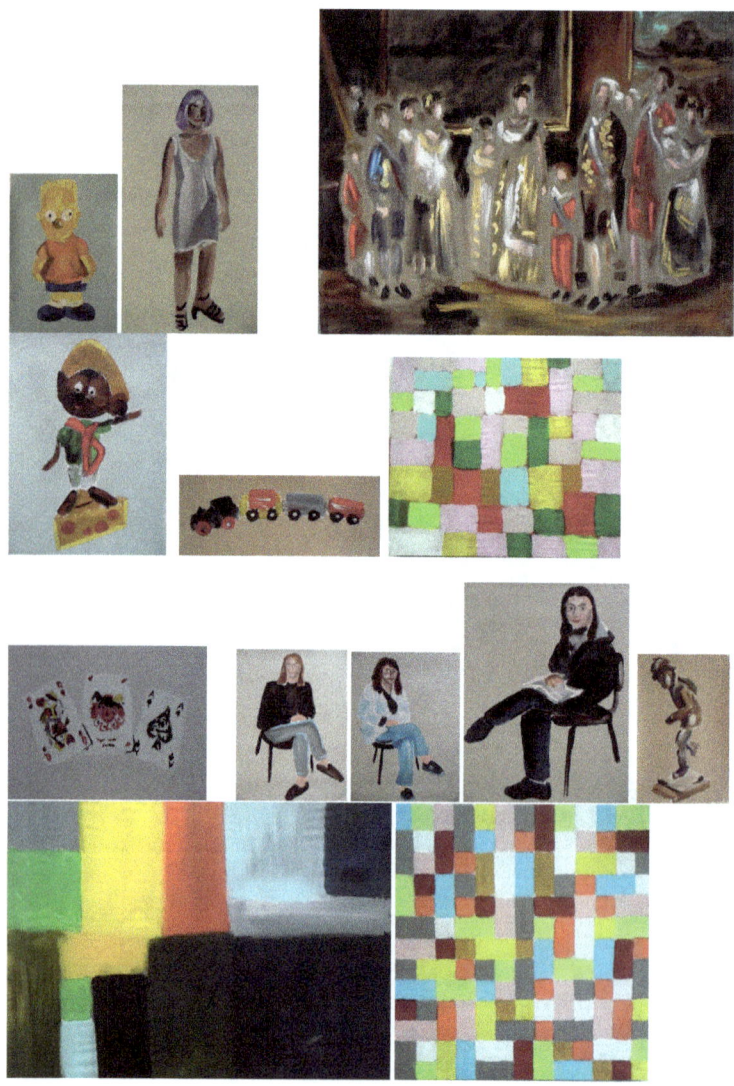

LXXXIII

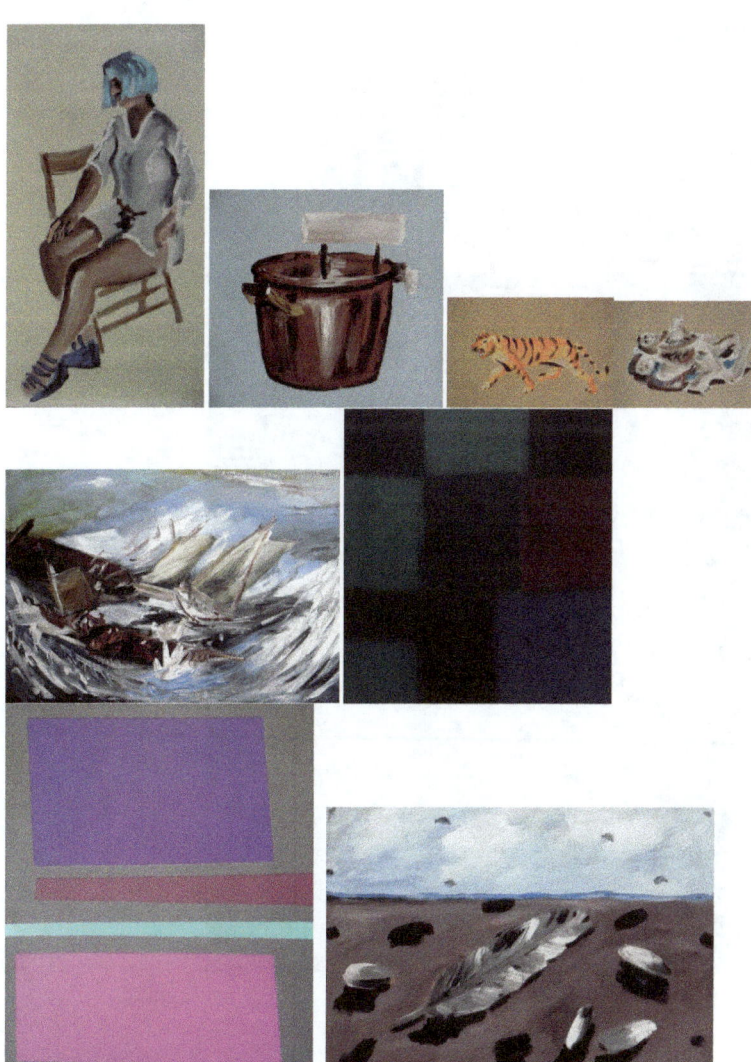

LXXXIV

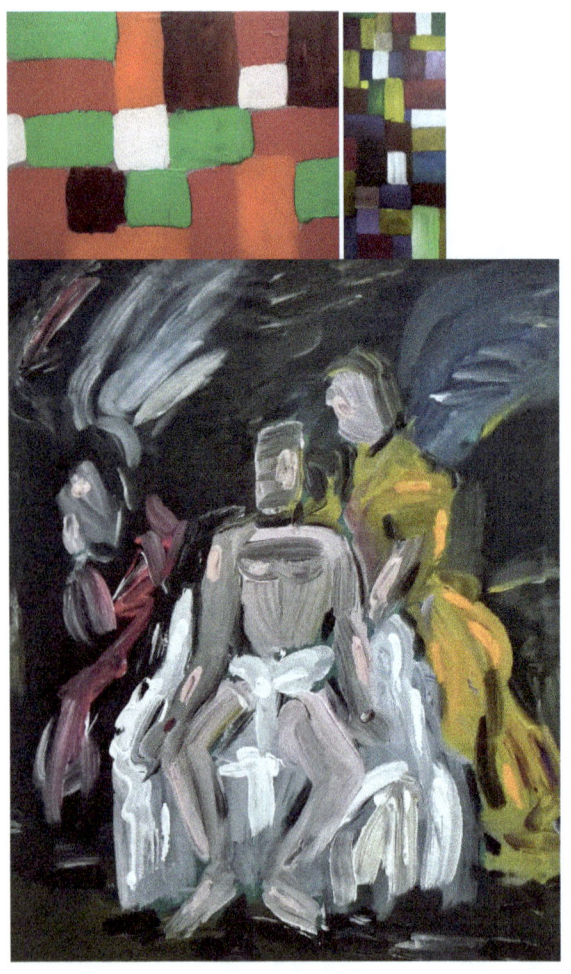

LXXXV

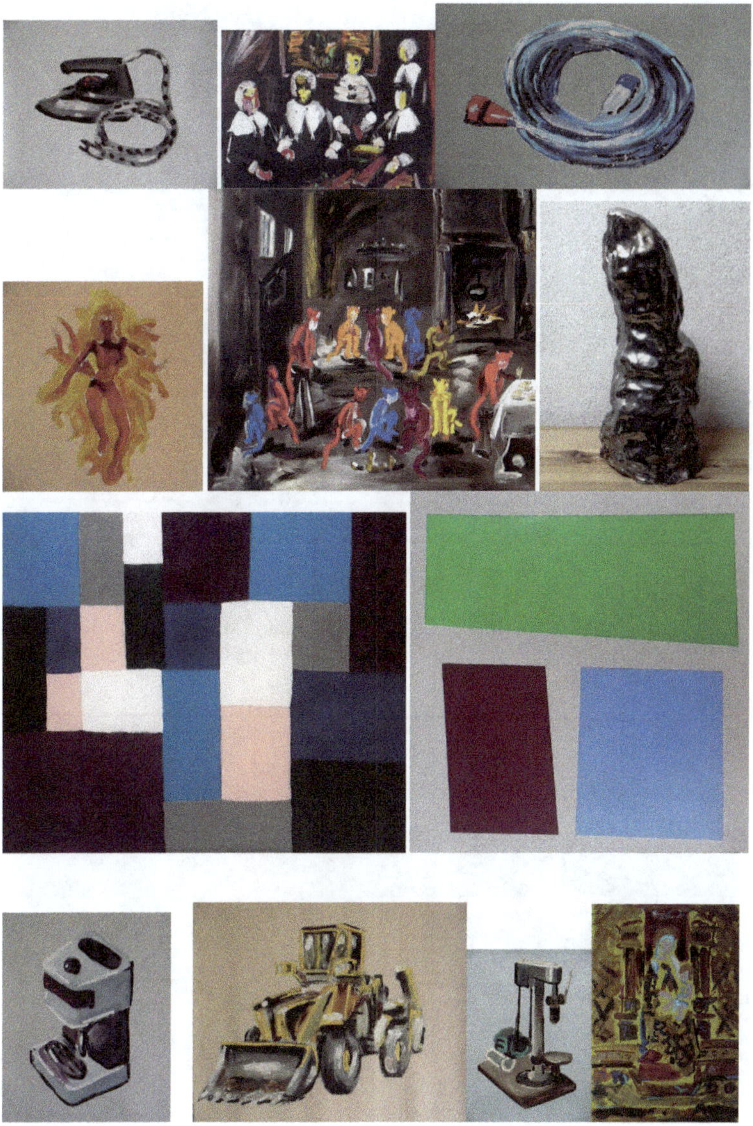

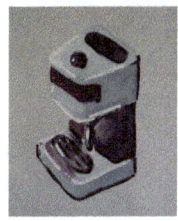
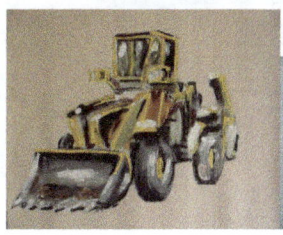
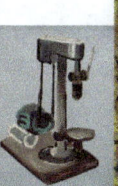
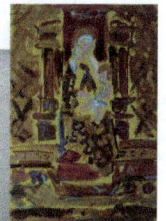

LXXXVI

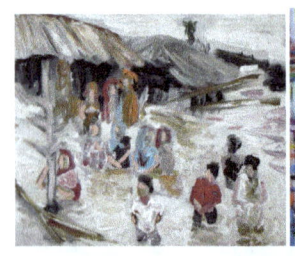
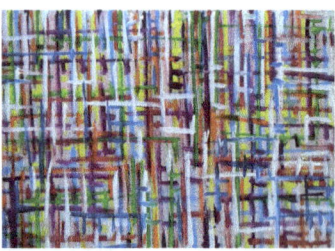
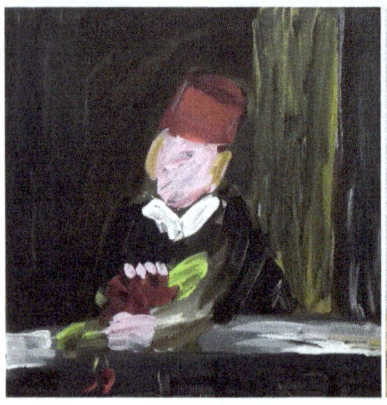
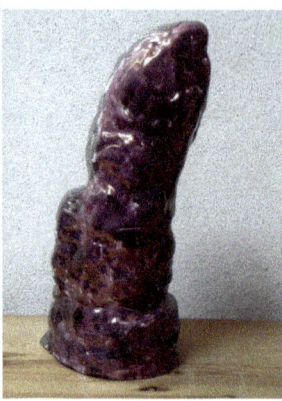
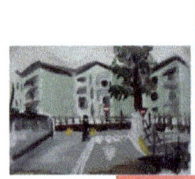
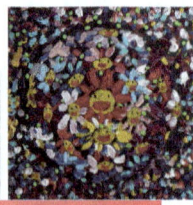
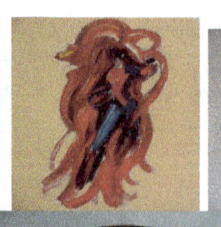
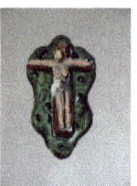
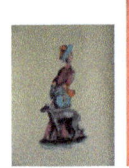
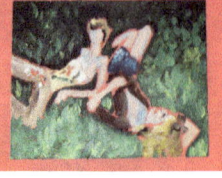
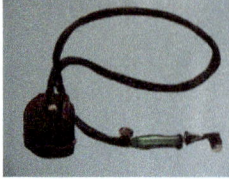
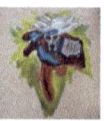

LXXXVII

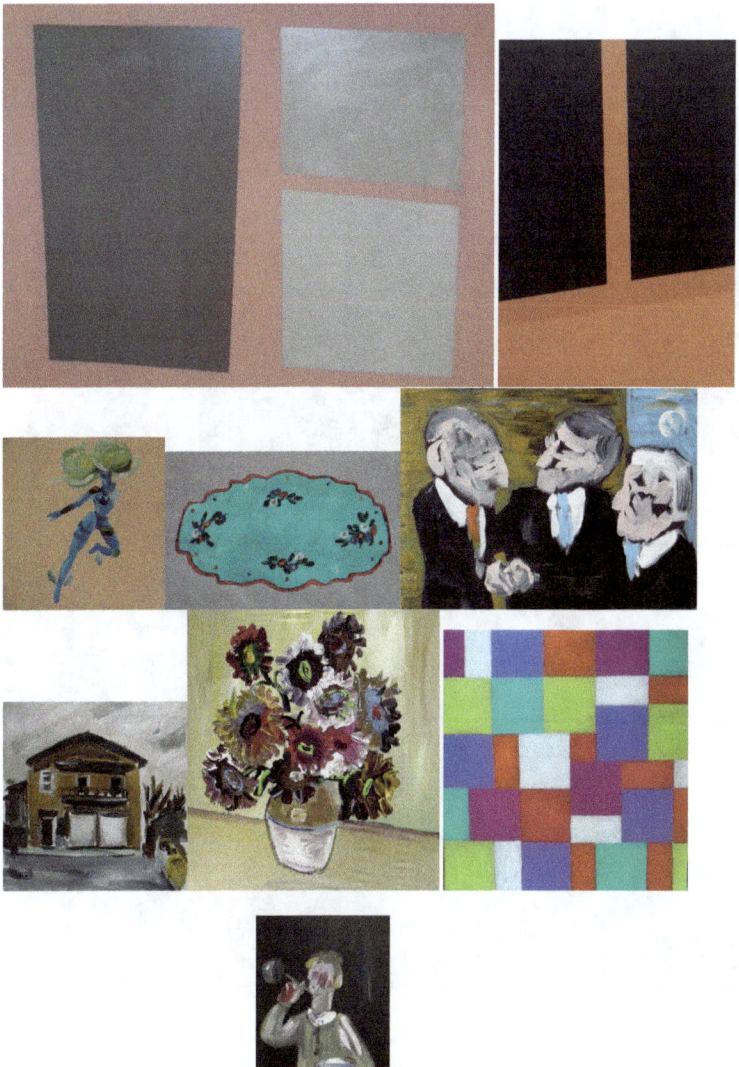

LXXXVIII

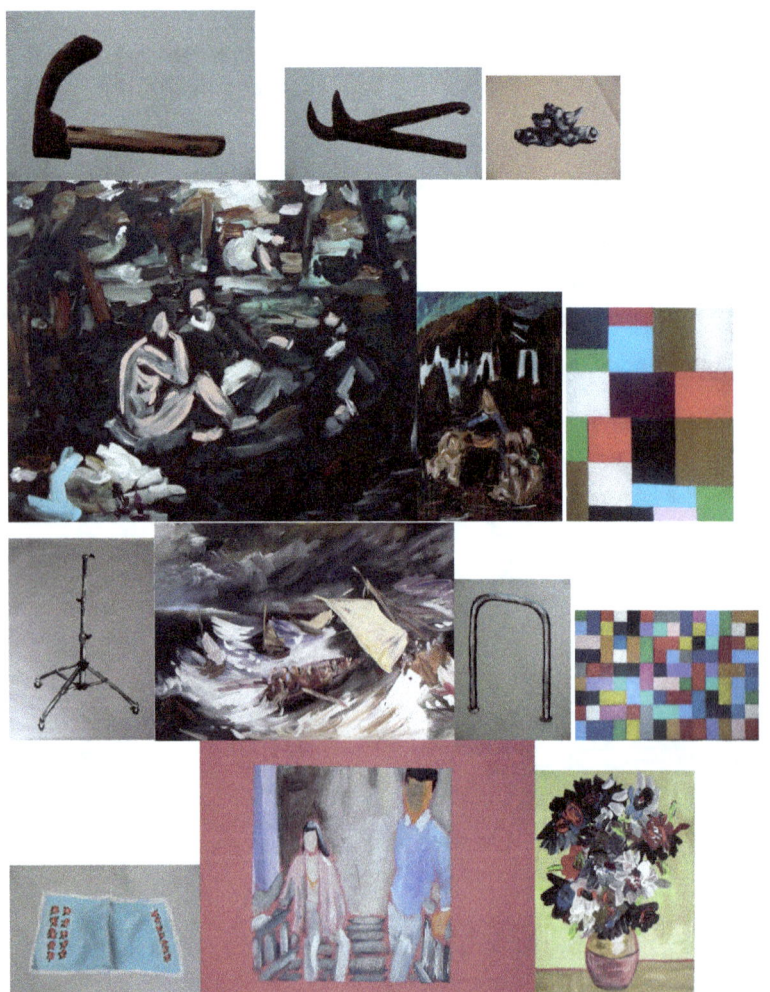

LXXXIX

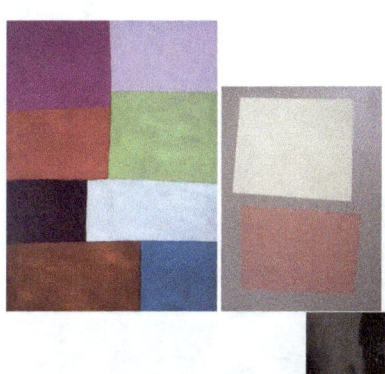
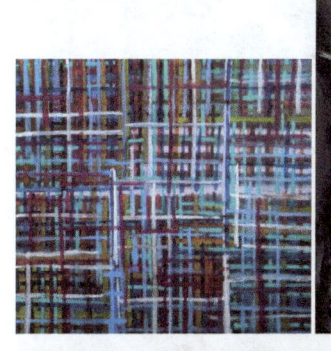
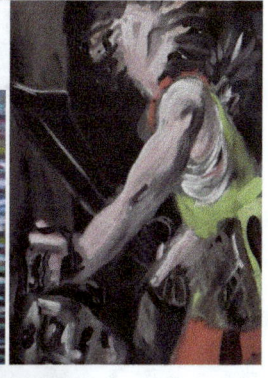
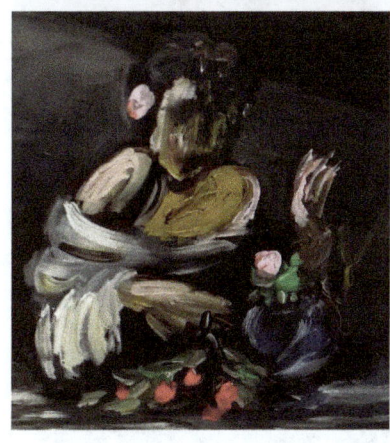
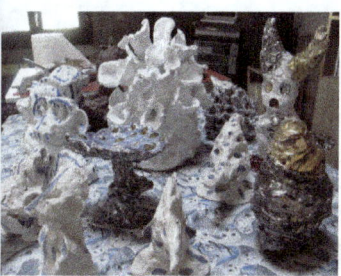

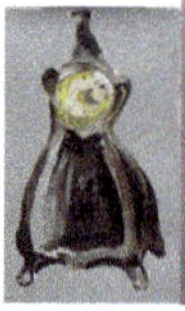

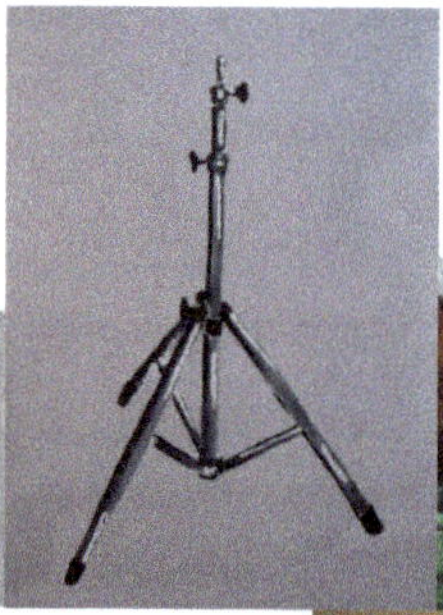

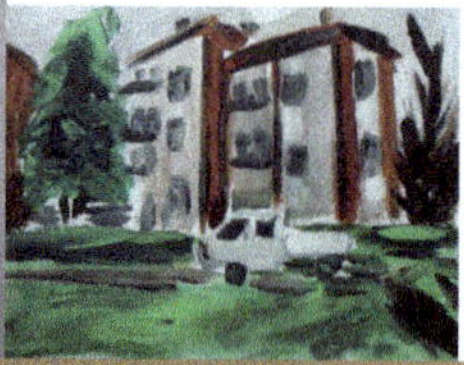

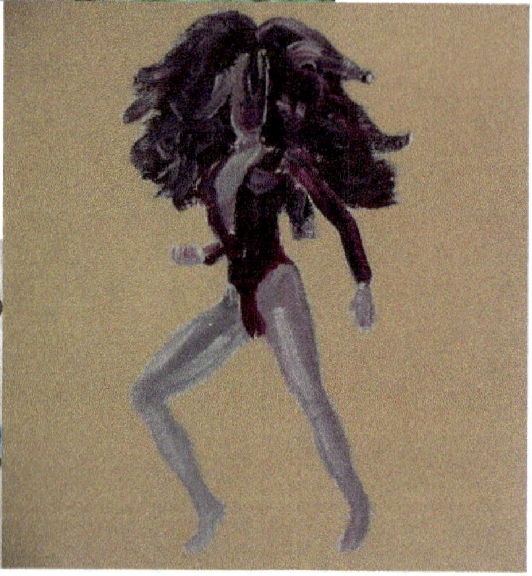

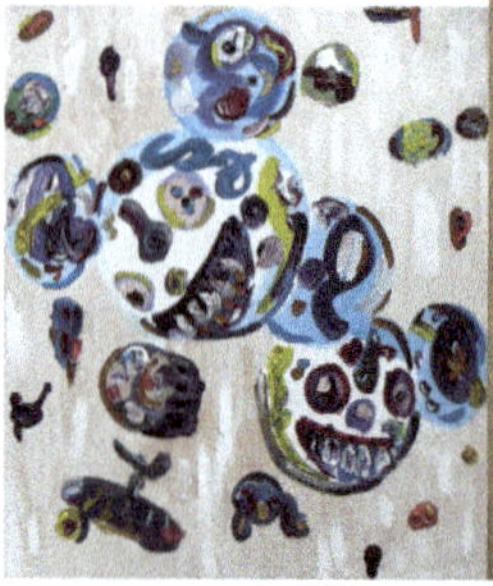

XC

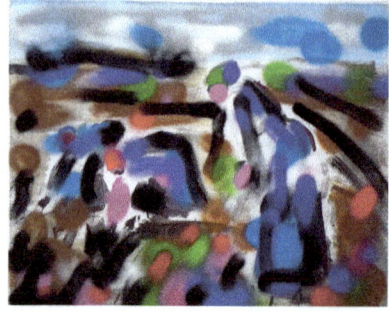
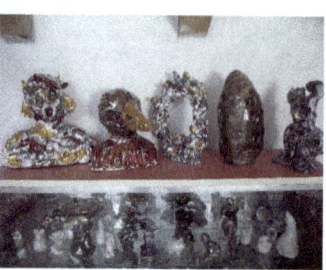

XCI

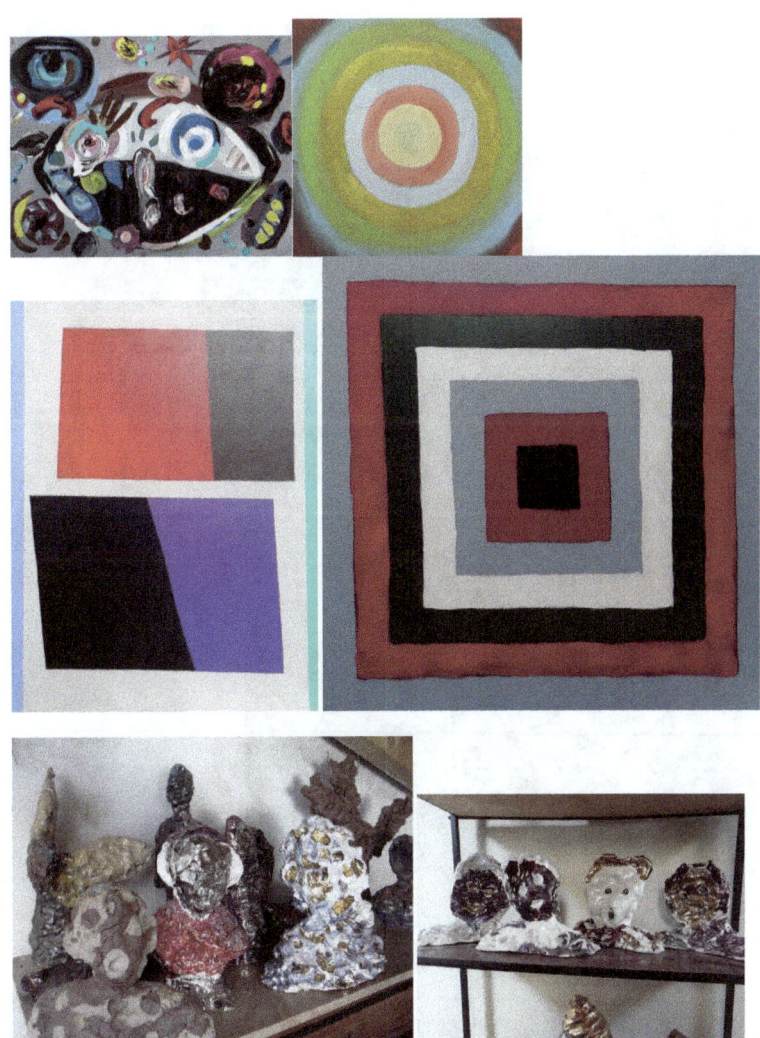

XCII

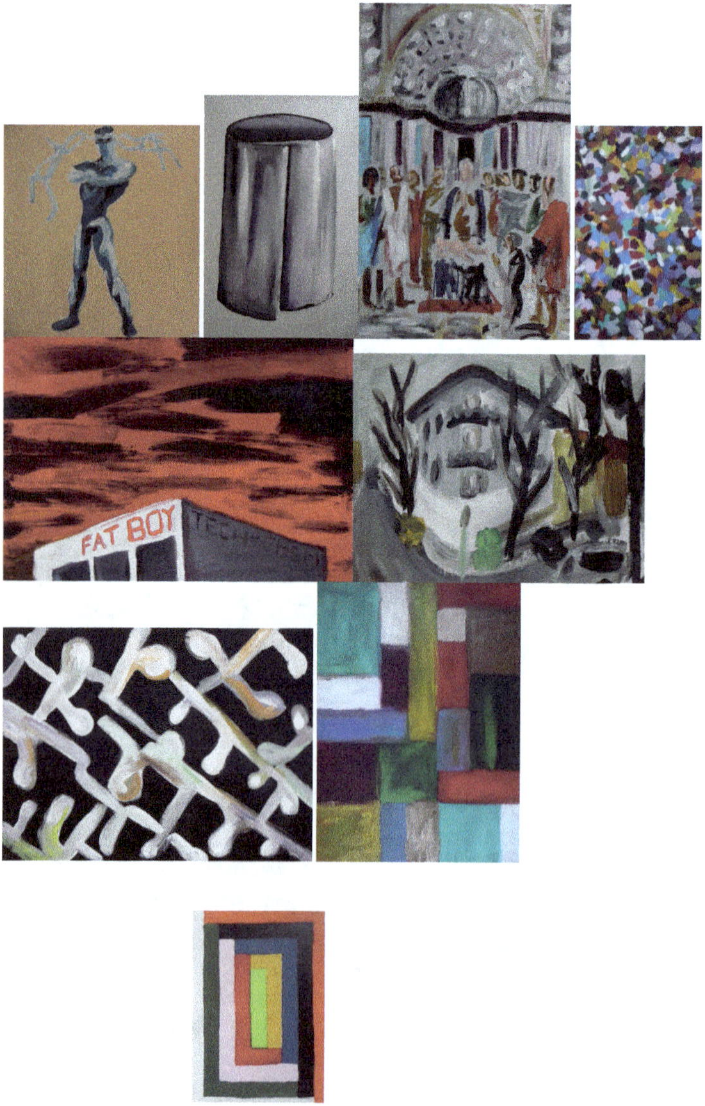

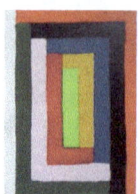

XCIII

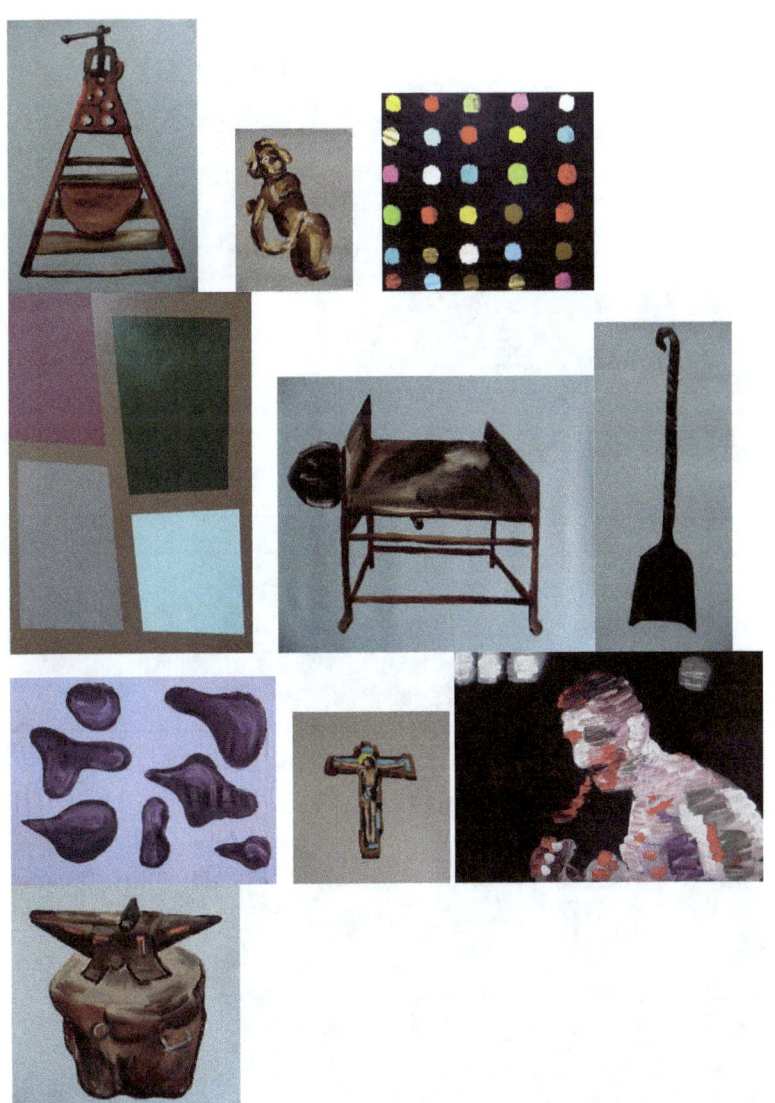

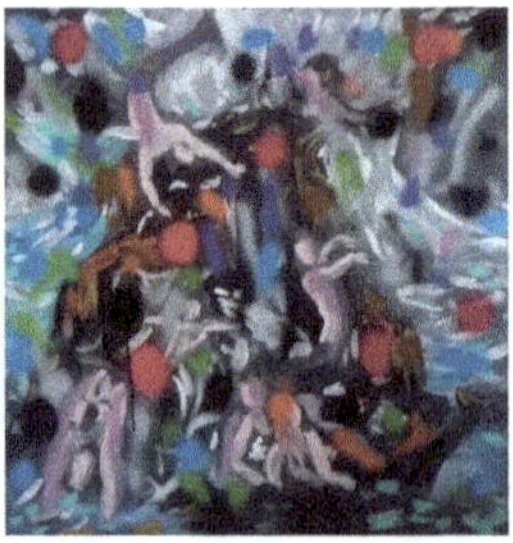

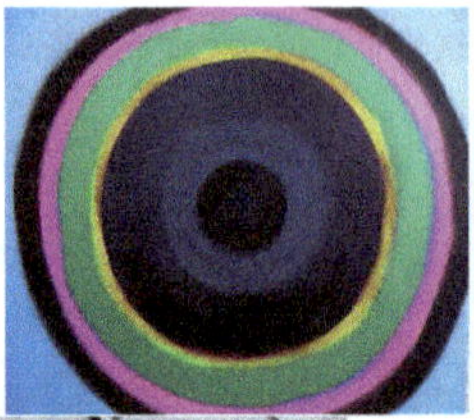

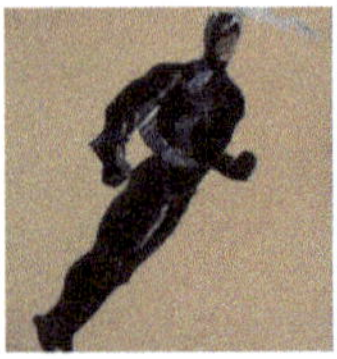

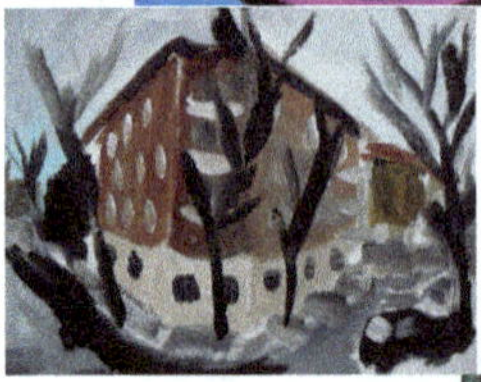

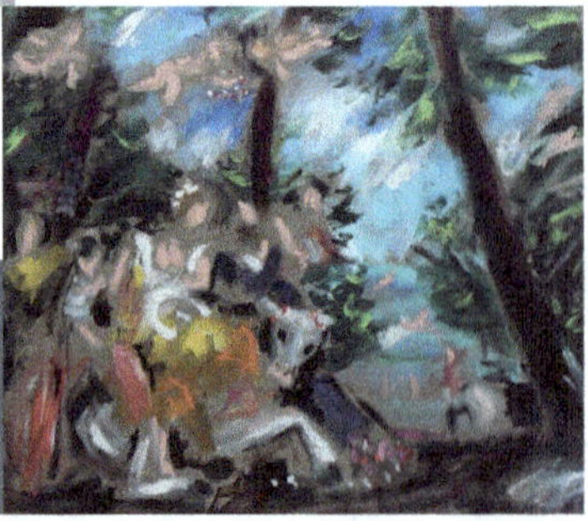

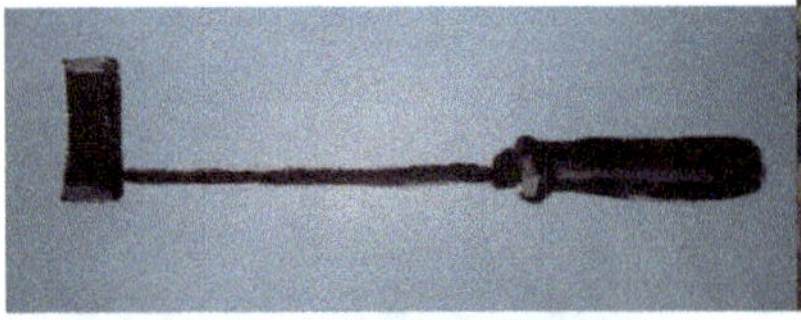

XCIV

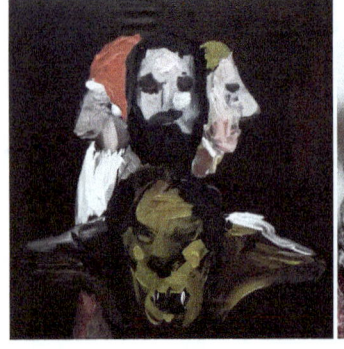
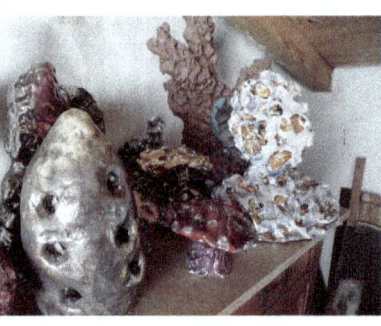

XCV

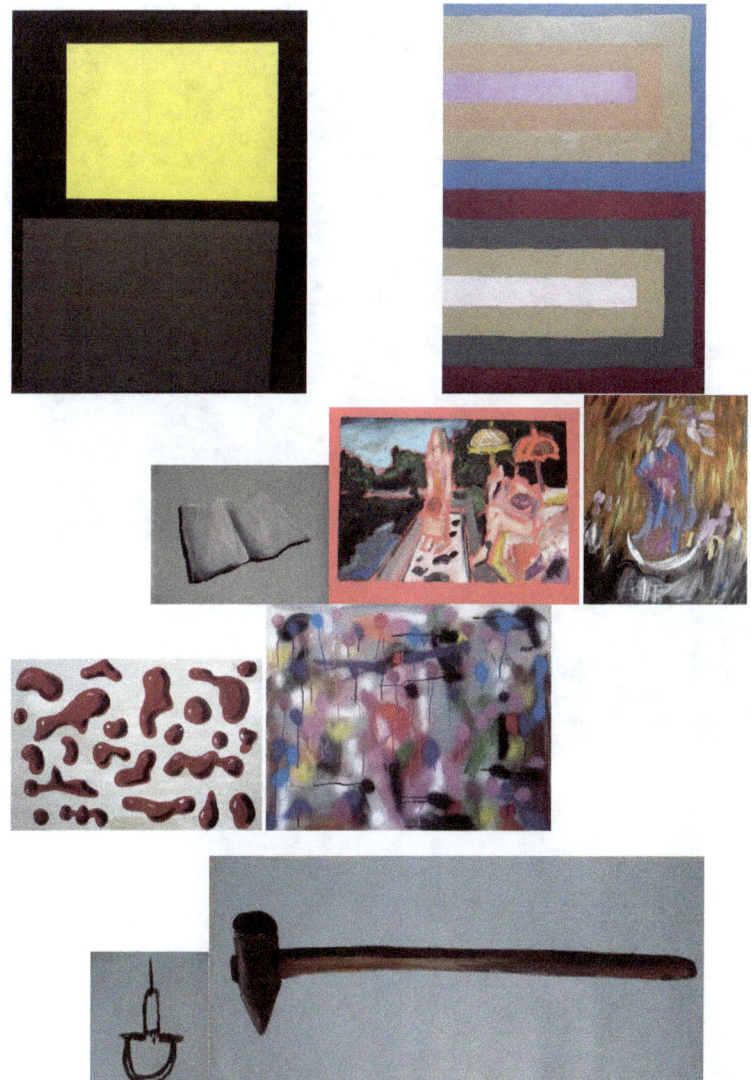

XCVI

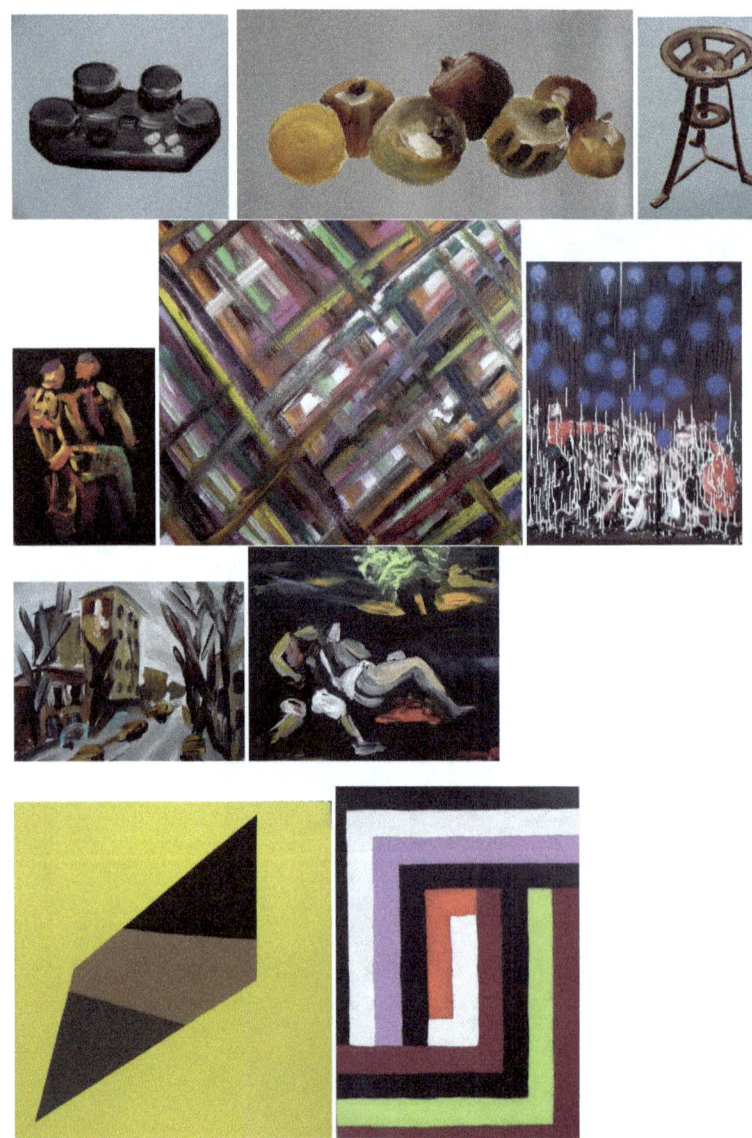

XCVII

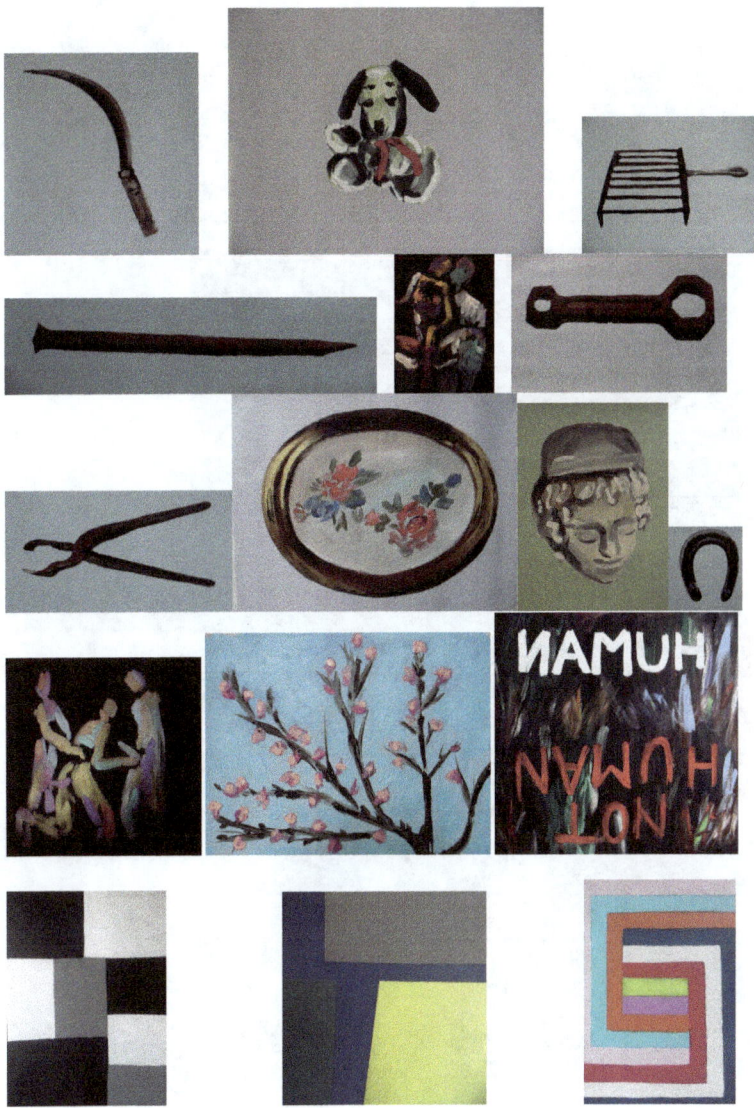

XCVIII

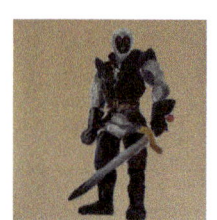
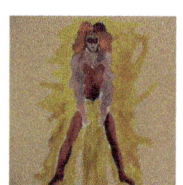
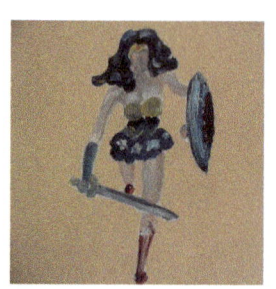
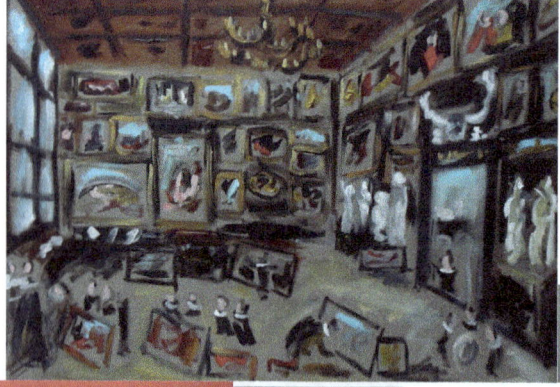
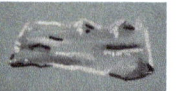
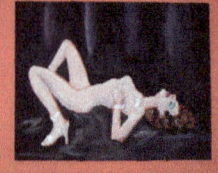
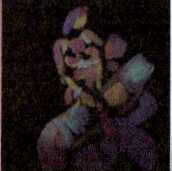
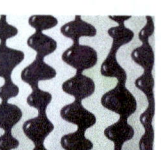
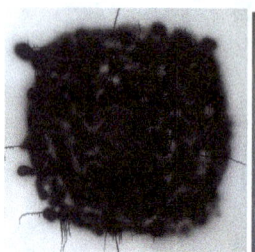
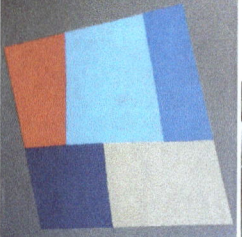
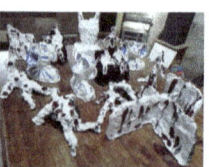

XCIX

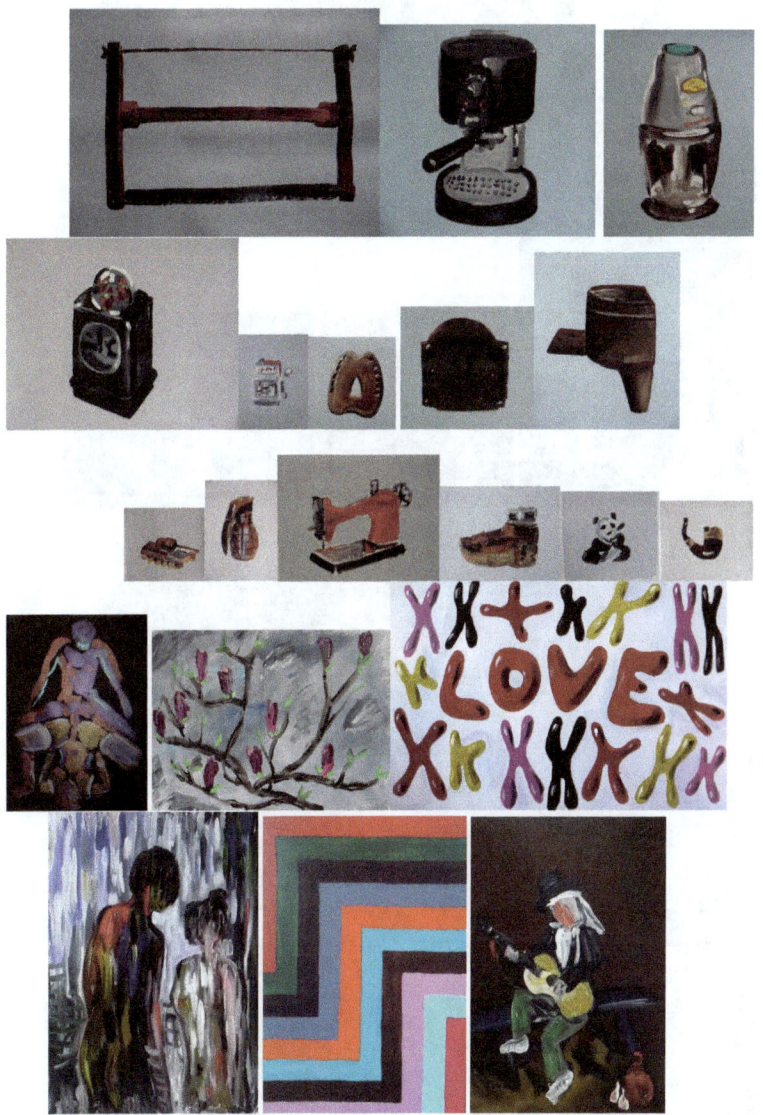

C

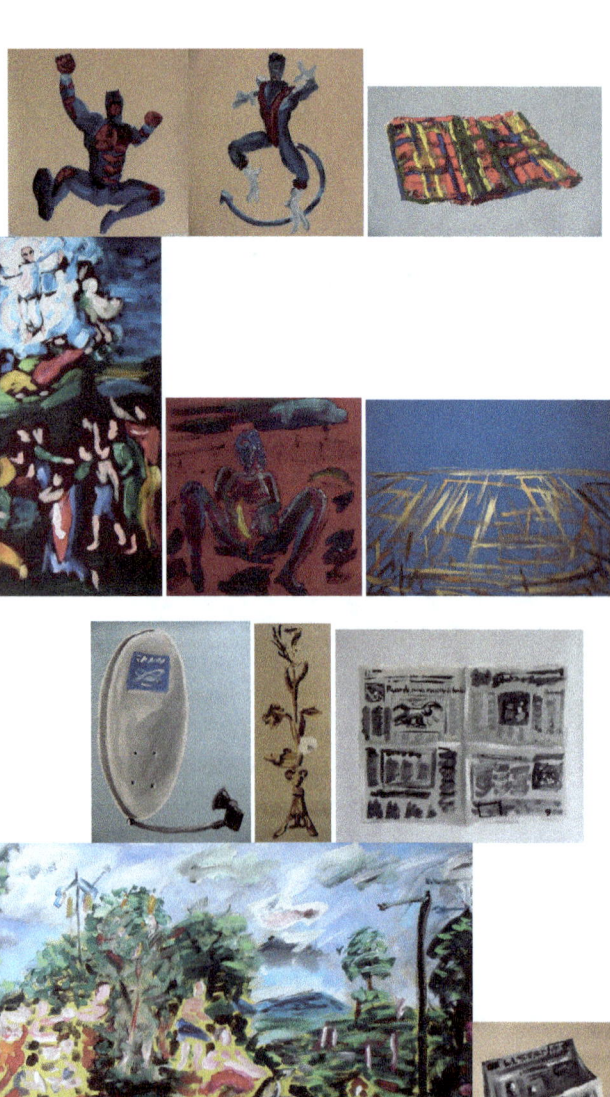

CI

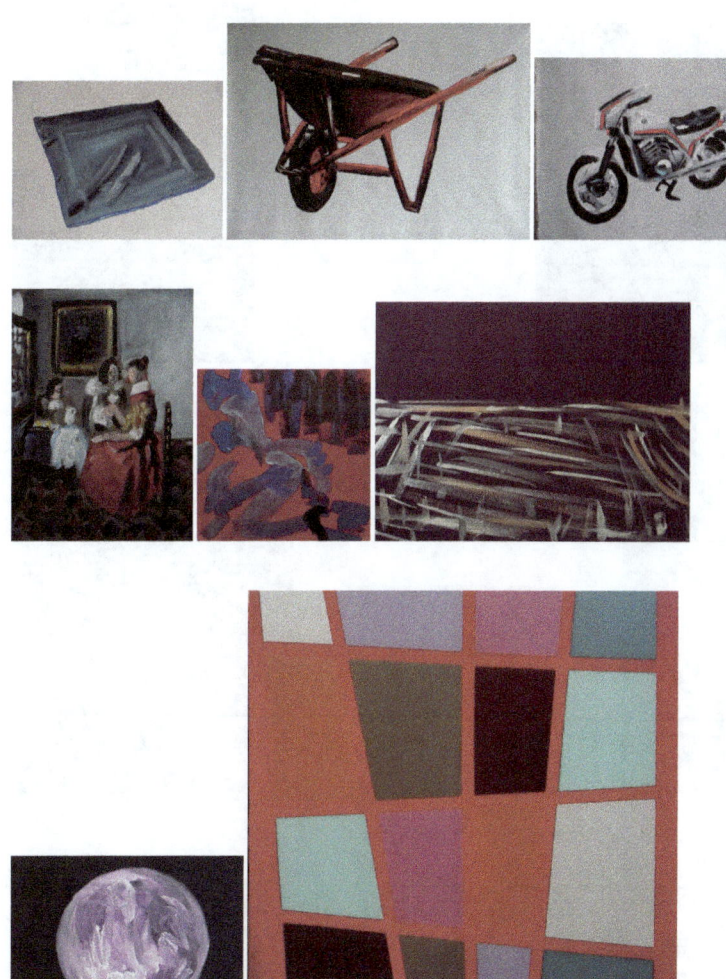

CII

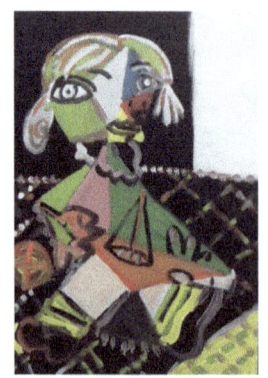
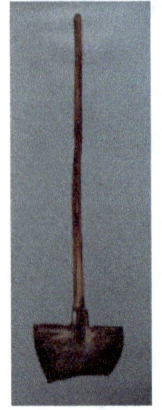
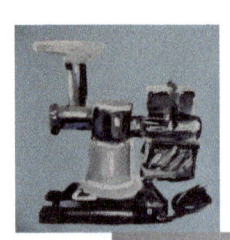
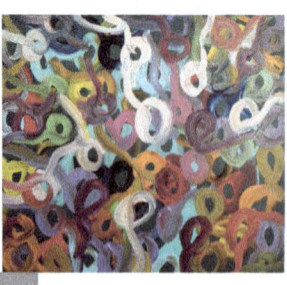
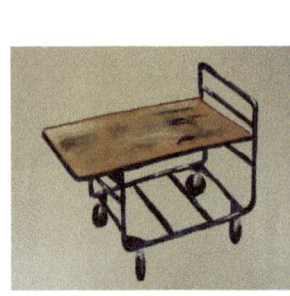
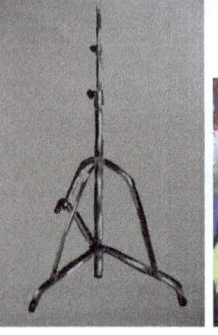
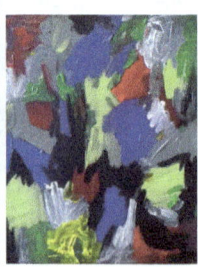

CIII

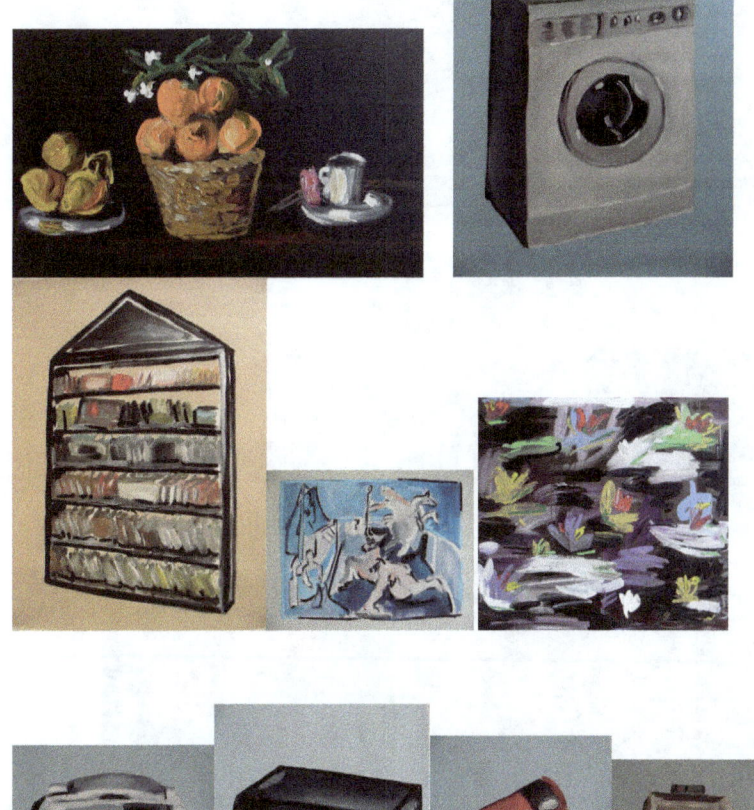

CIV

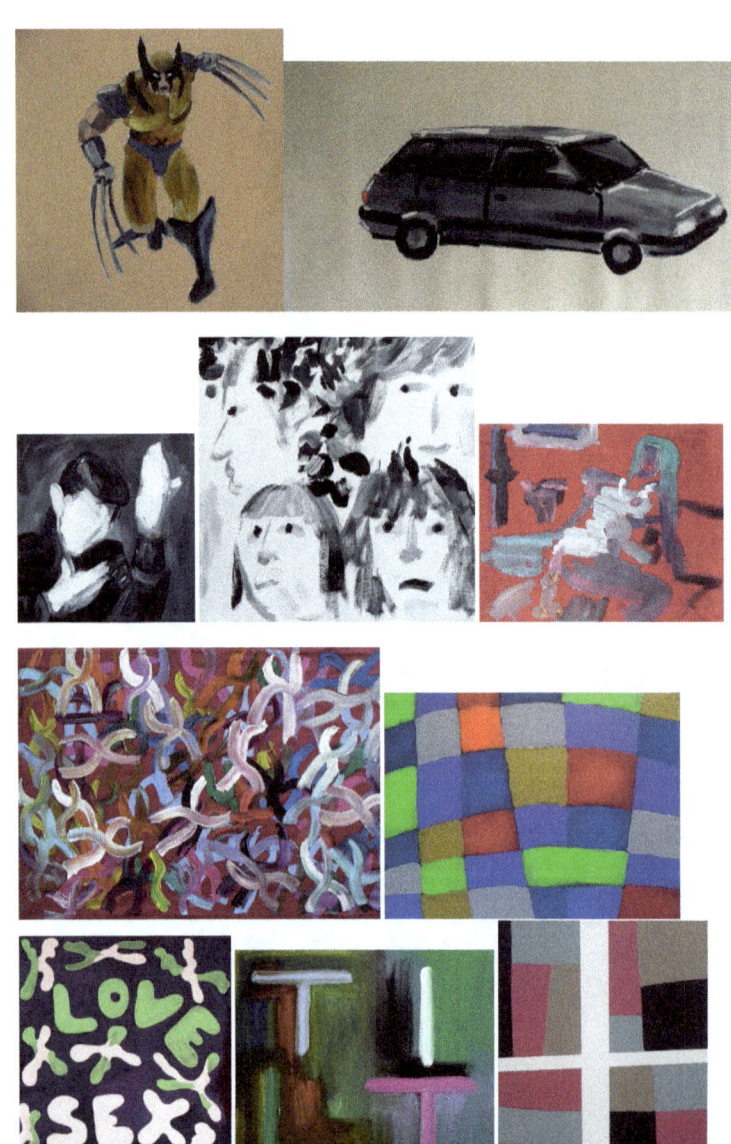

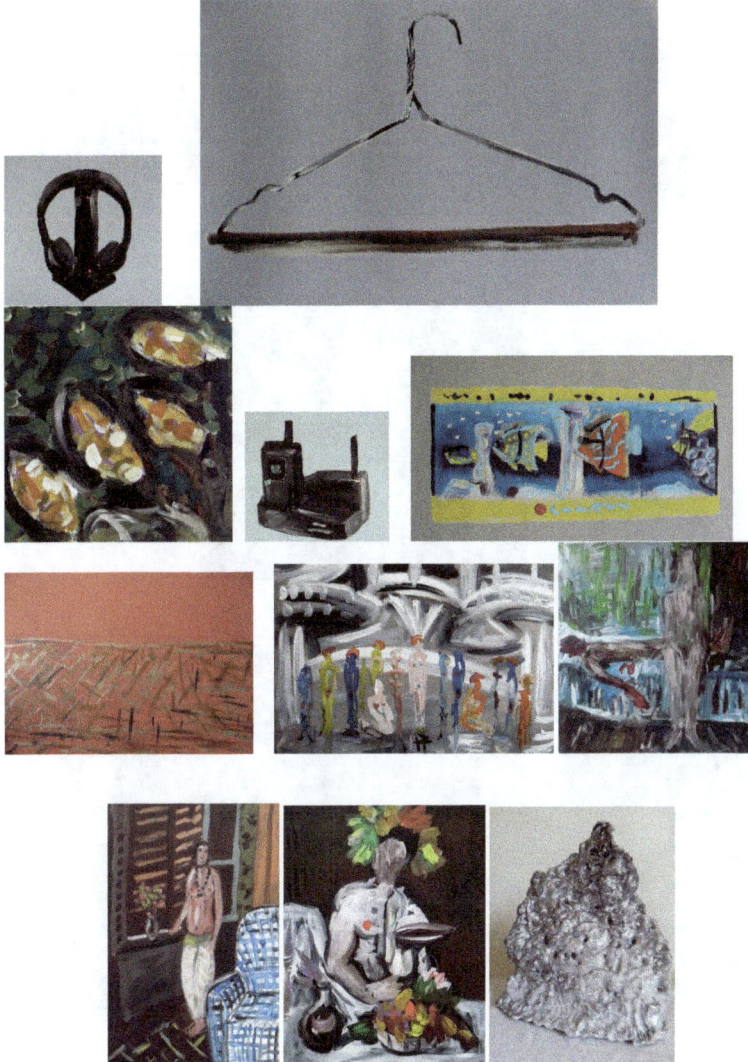

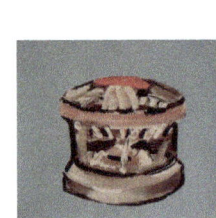
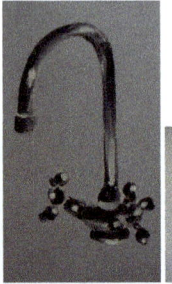
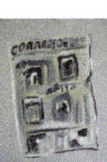
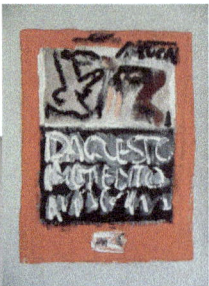
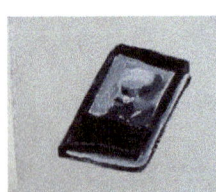
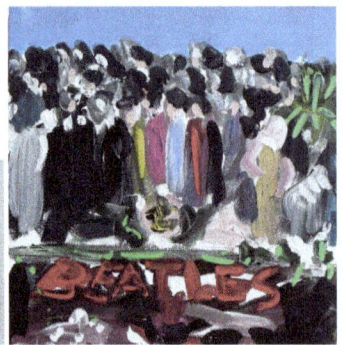
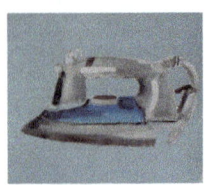
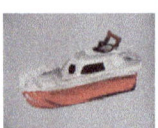
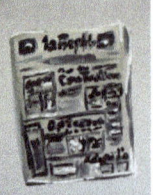
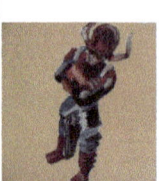
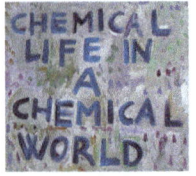
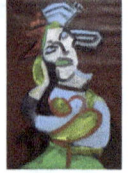

CVII

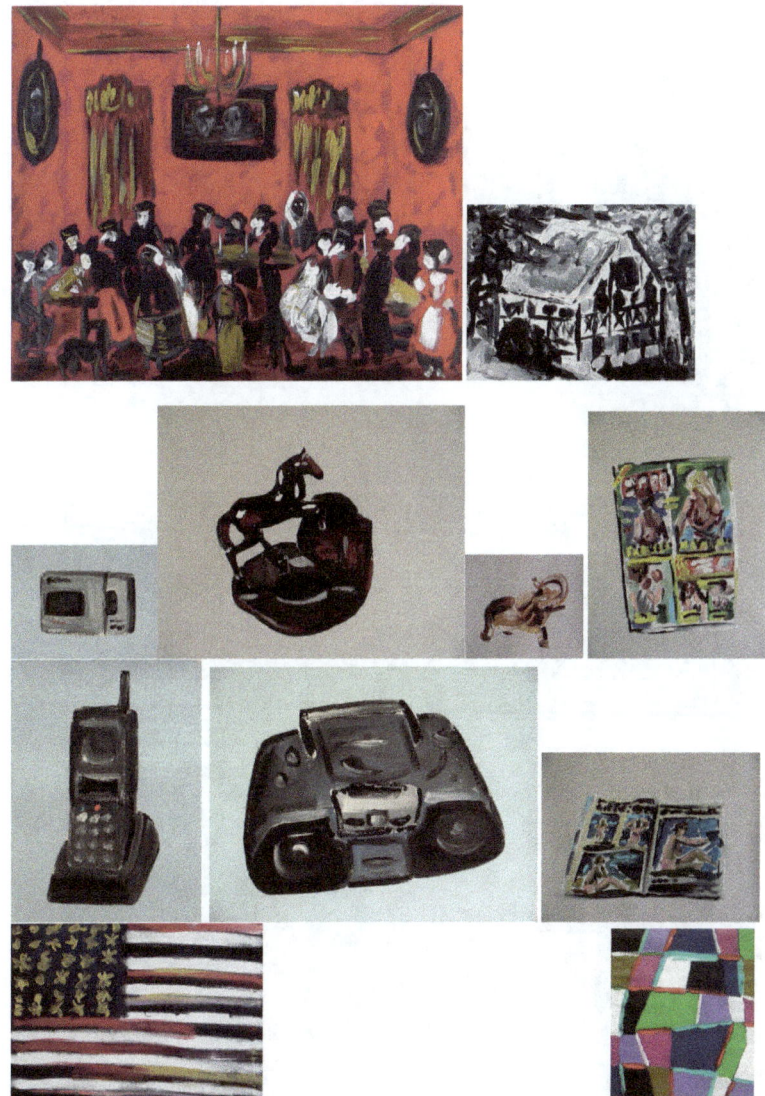

CVIII

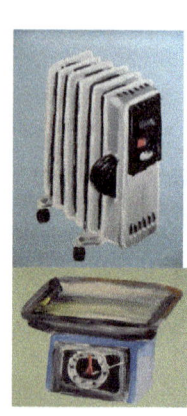
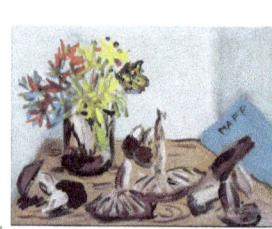
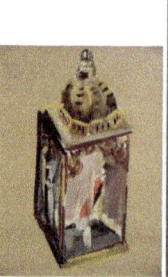
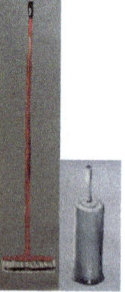
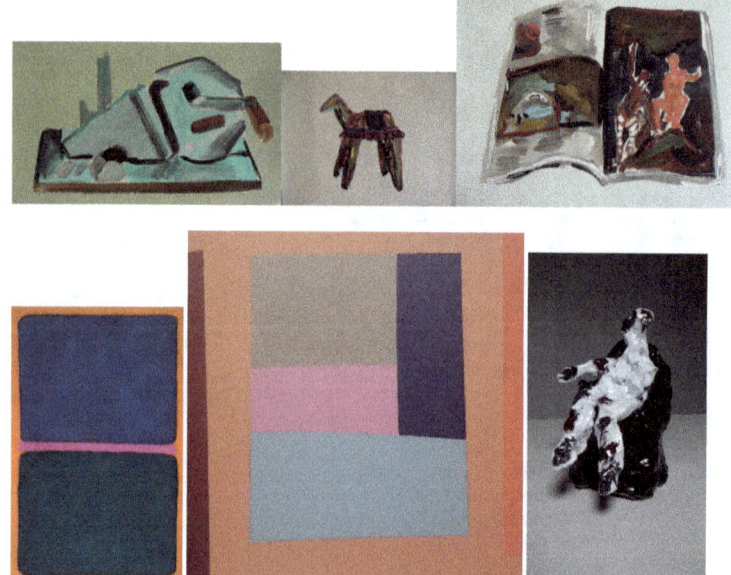

CIX

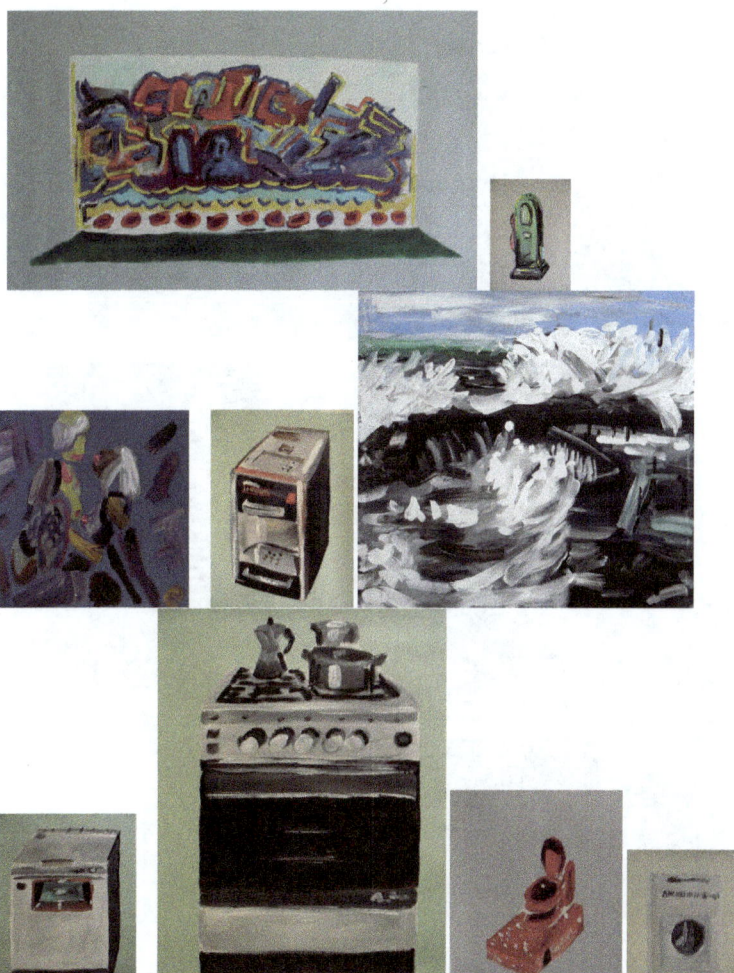

CX

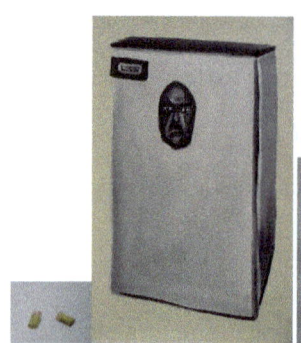
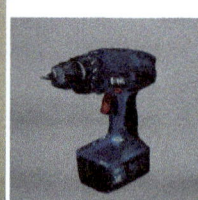
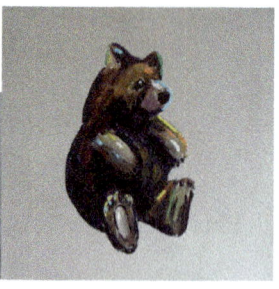
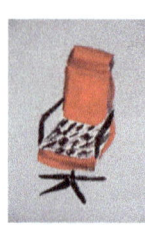
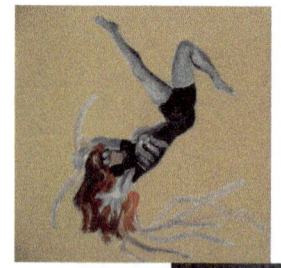
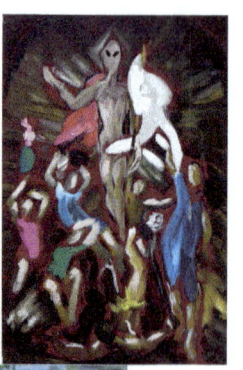
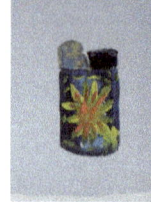
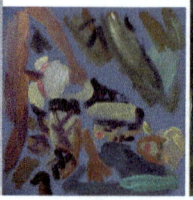
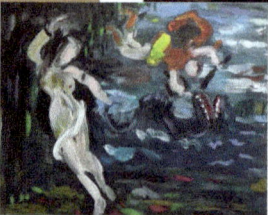
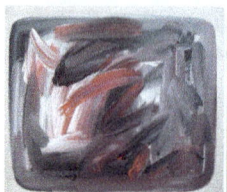
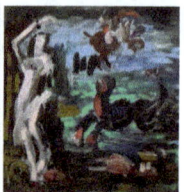

CXI

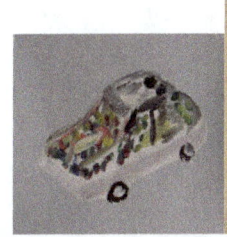
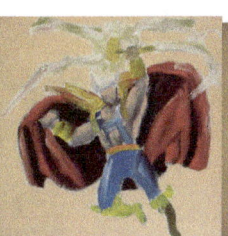
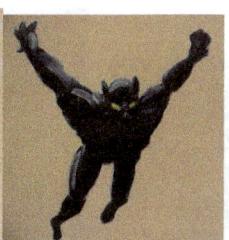
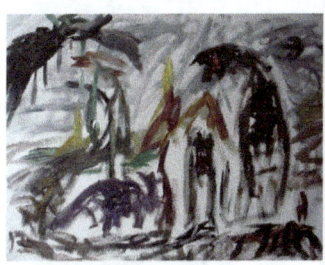
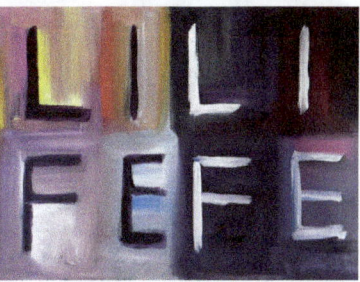
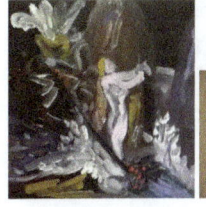
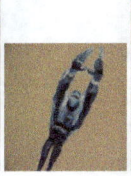
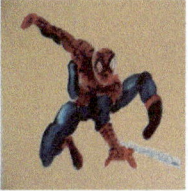
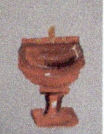
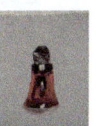
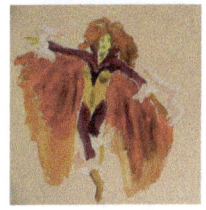
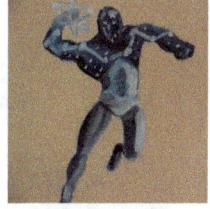
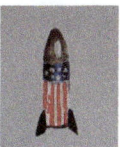

CXII

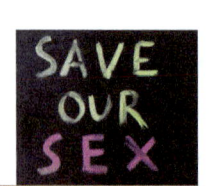
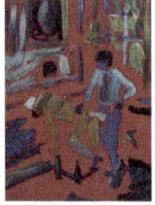
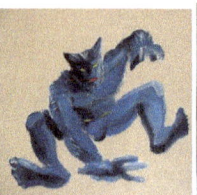
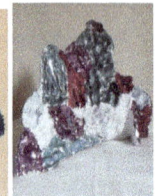
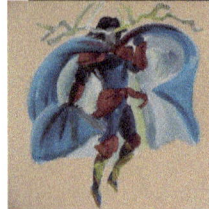
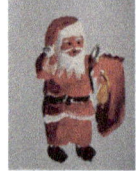
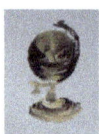
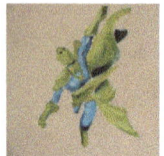
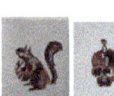

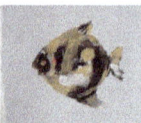
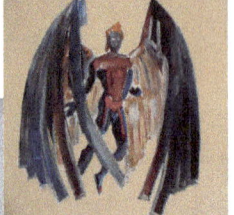
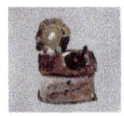
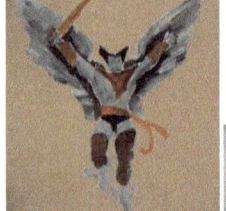
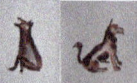
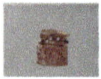

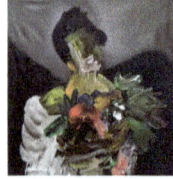

CXIII

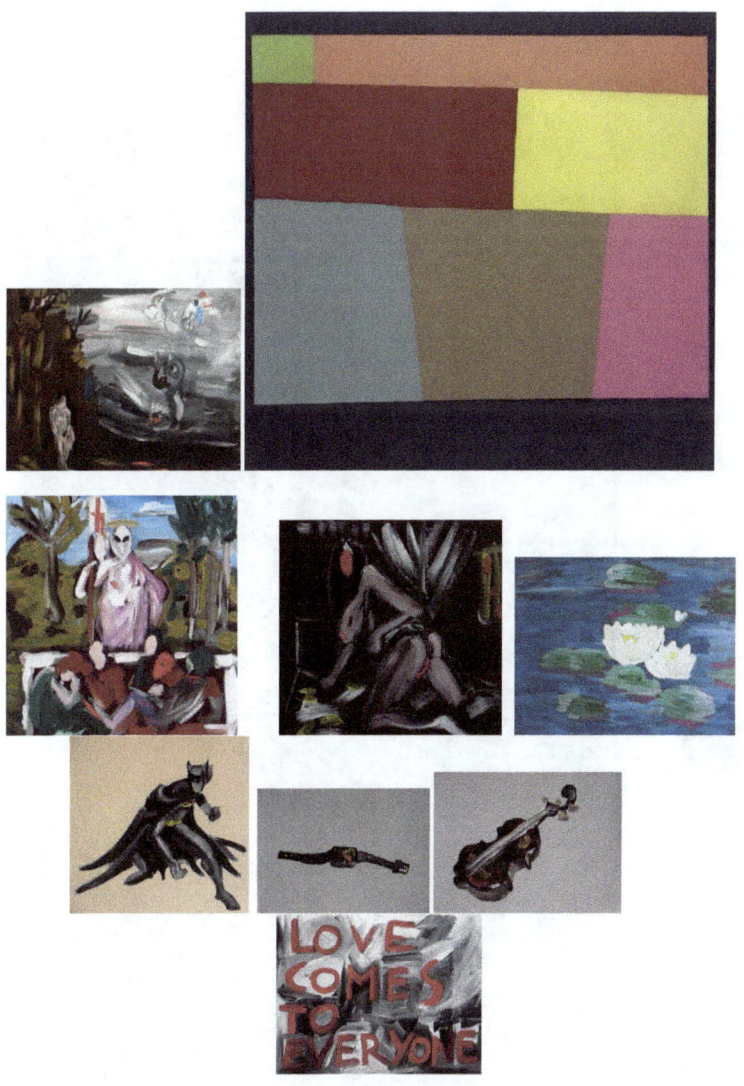

CXIV

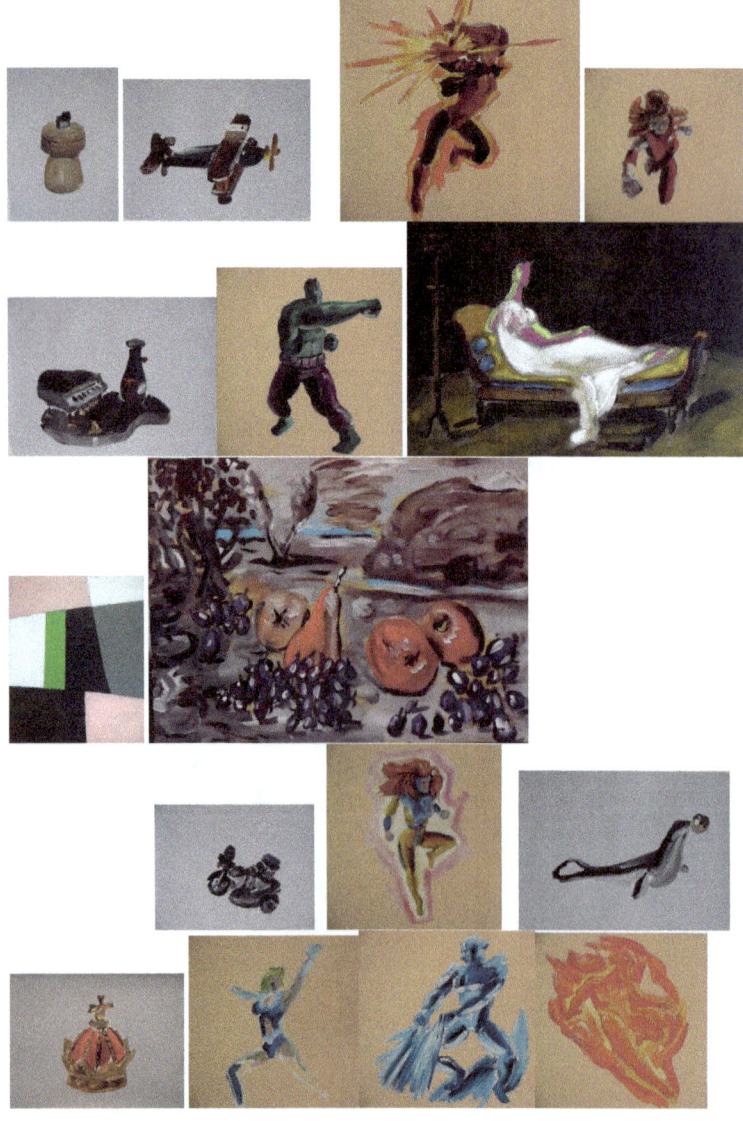

CXV

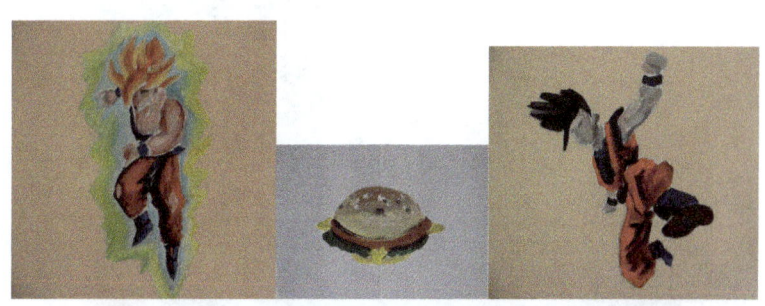

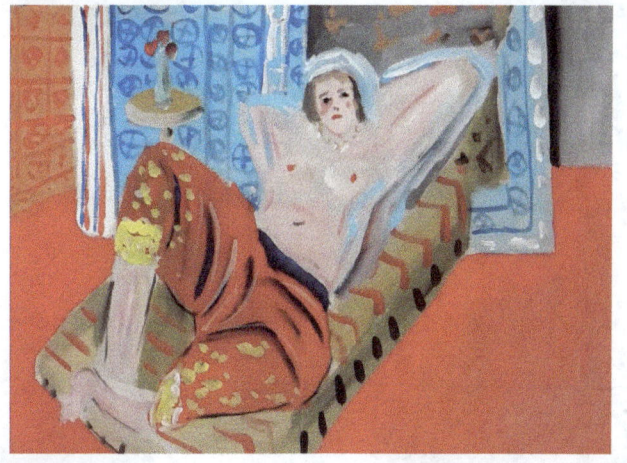

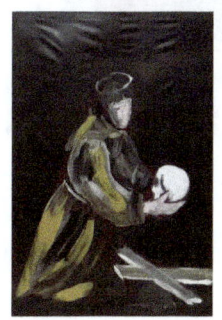

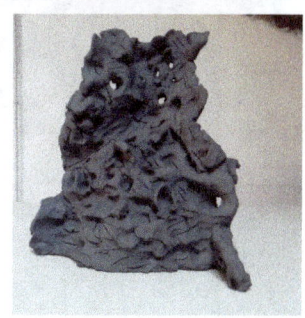

CXVI

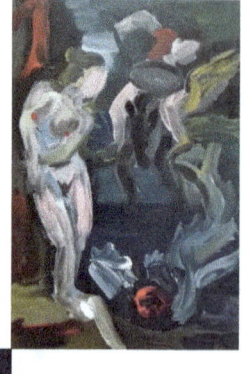

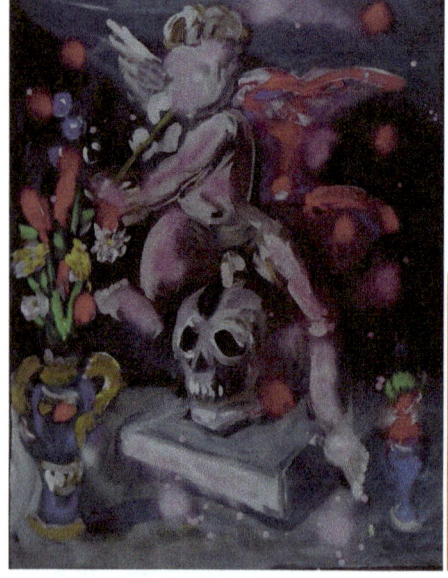

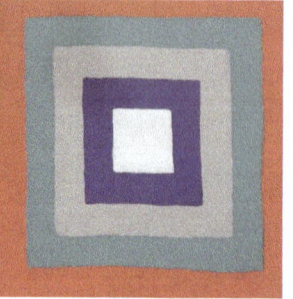

CXVII

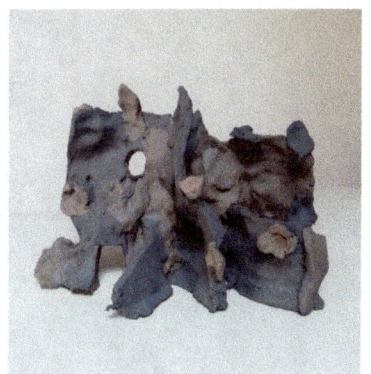
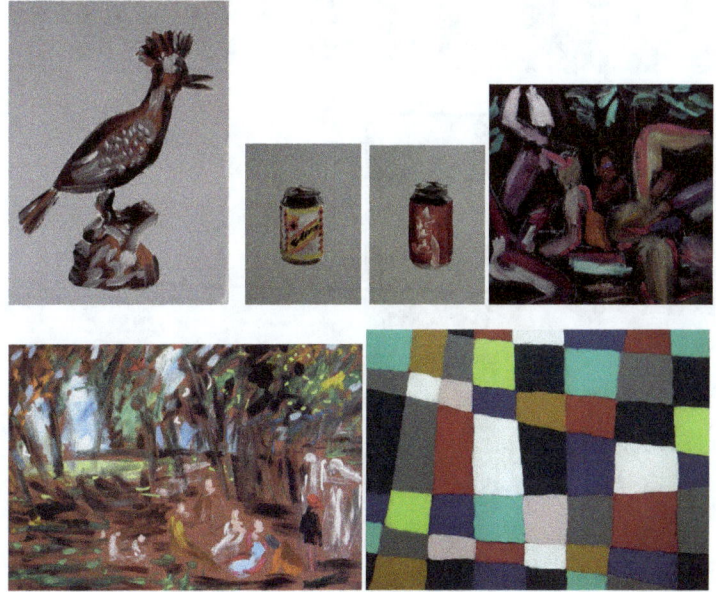

CXVIII

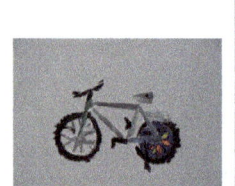
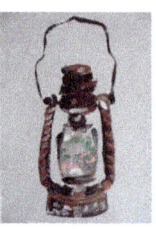
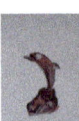
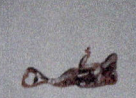
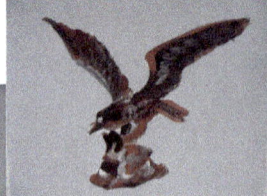
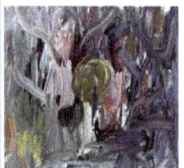
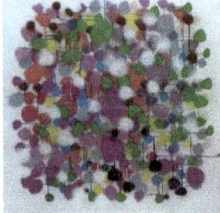
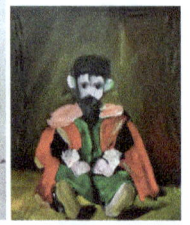
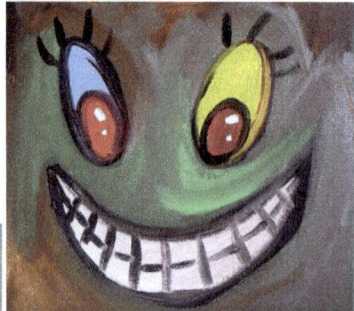

CXIX

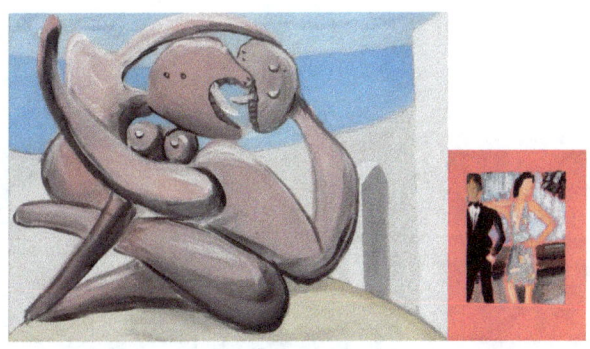

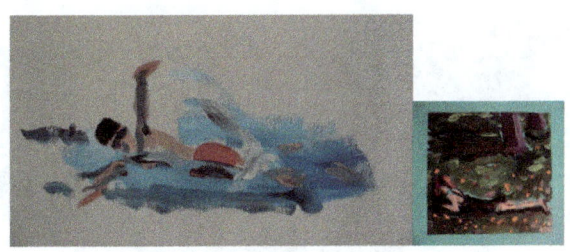

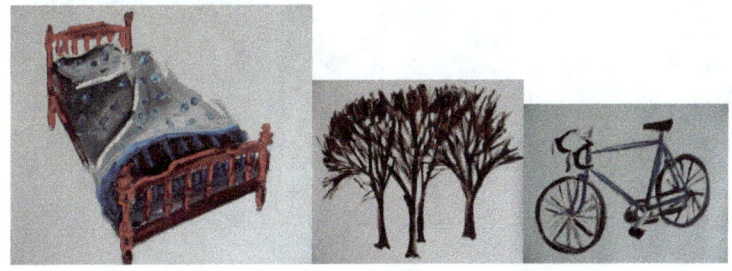

CXX

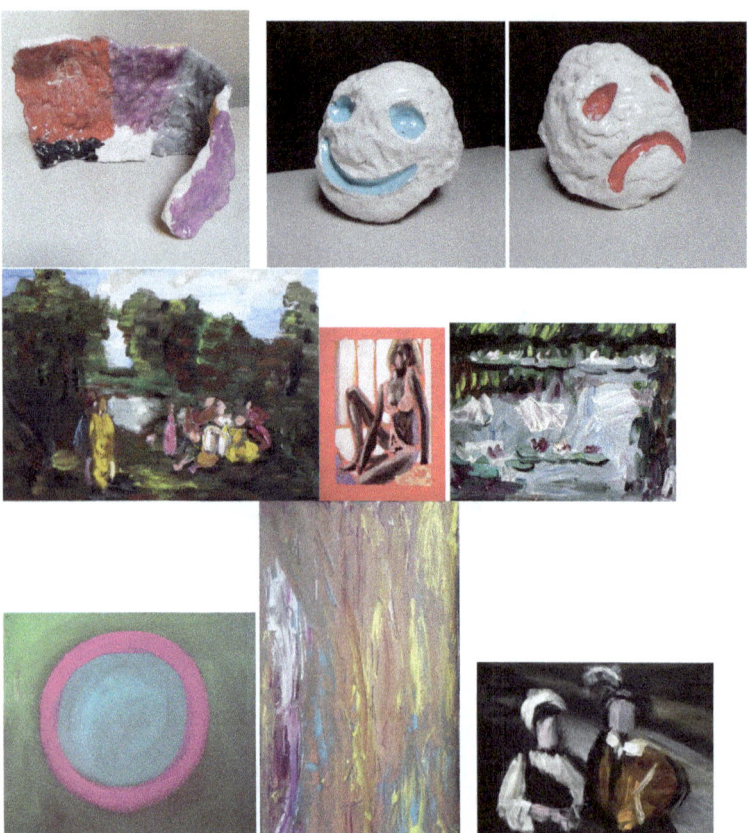

CXXI

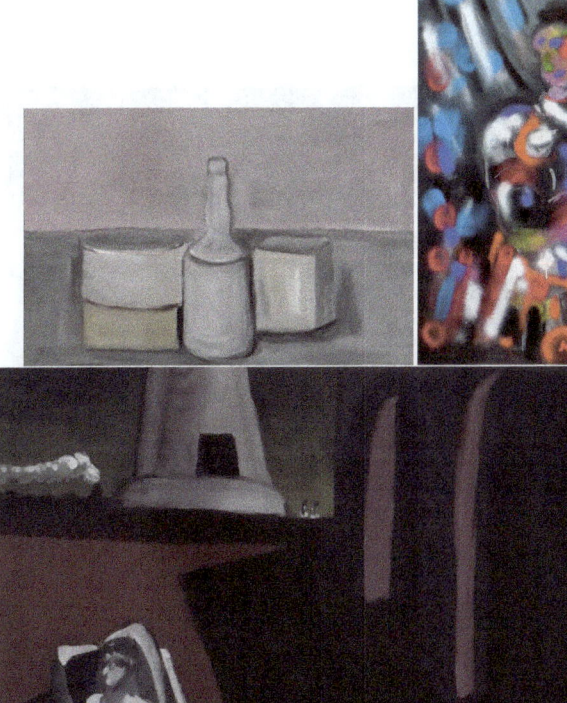
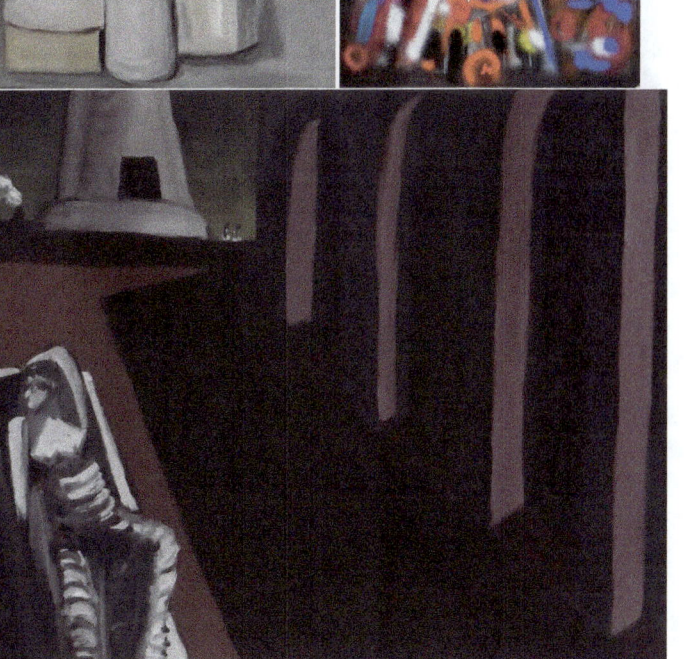

CXXII

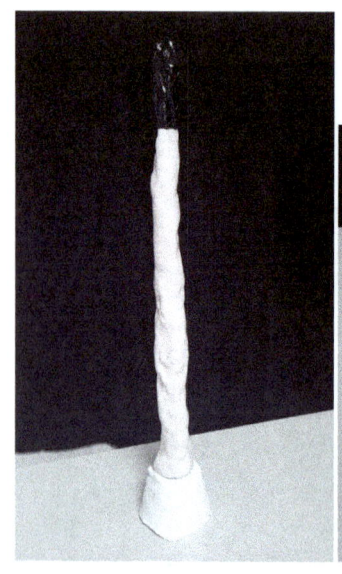
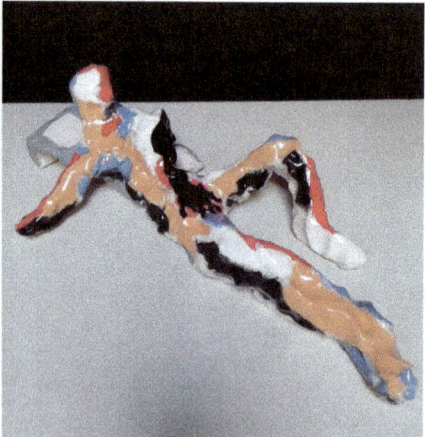
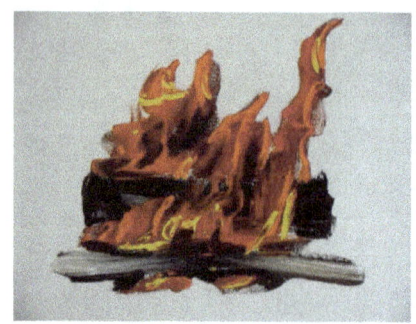
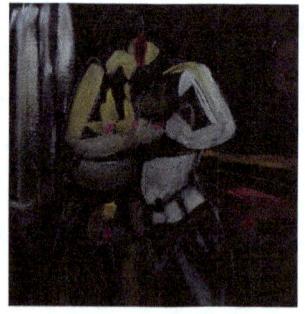

CXXIII

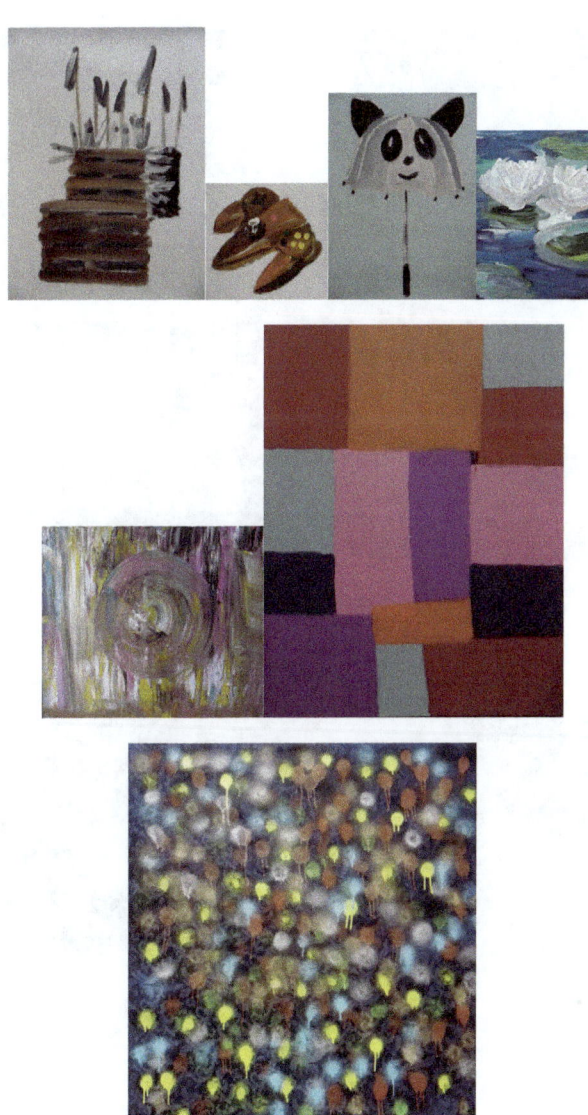

CXXIV

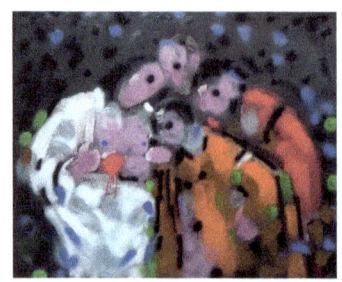
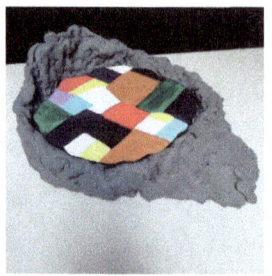
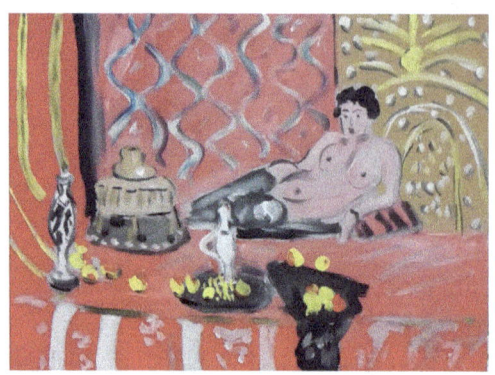
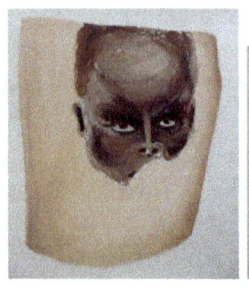
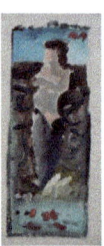
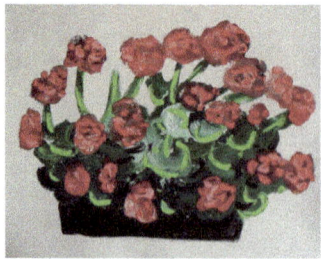

CXXV

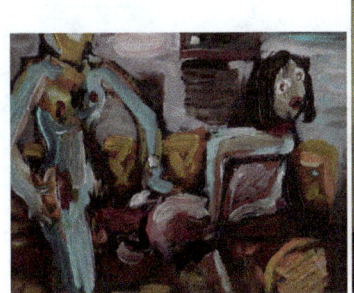
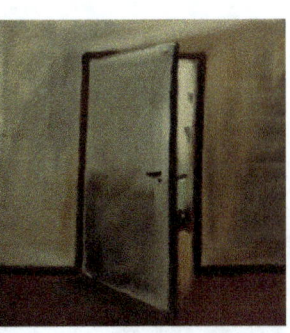
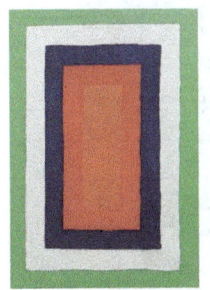
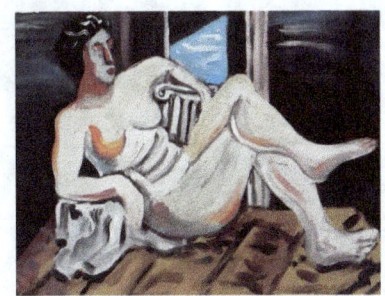

CXXVI

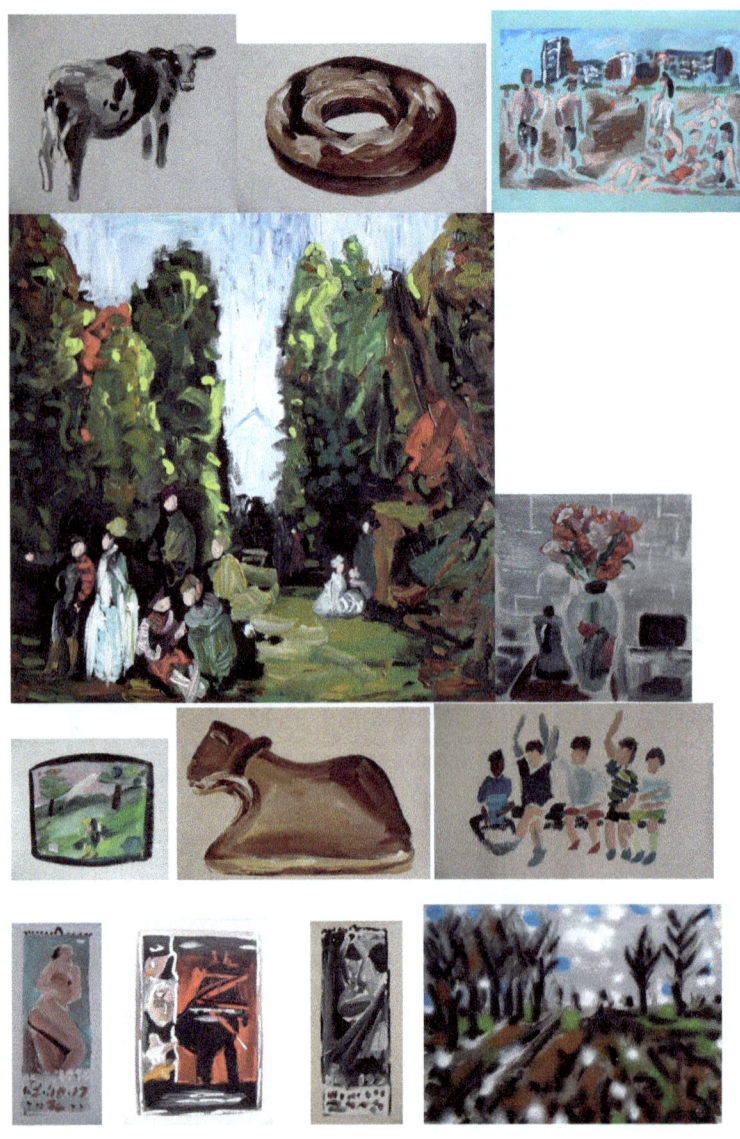

CXXVII

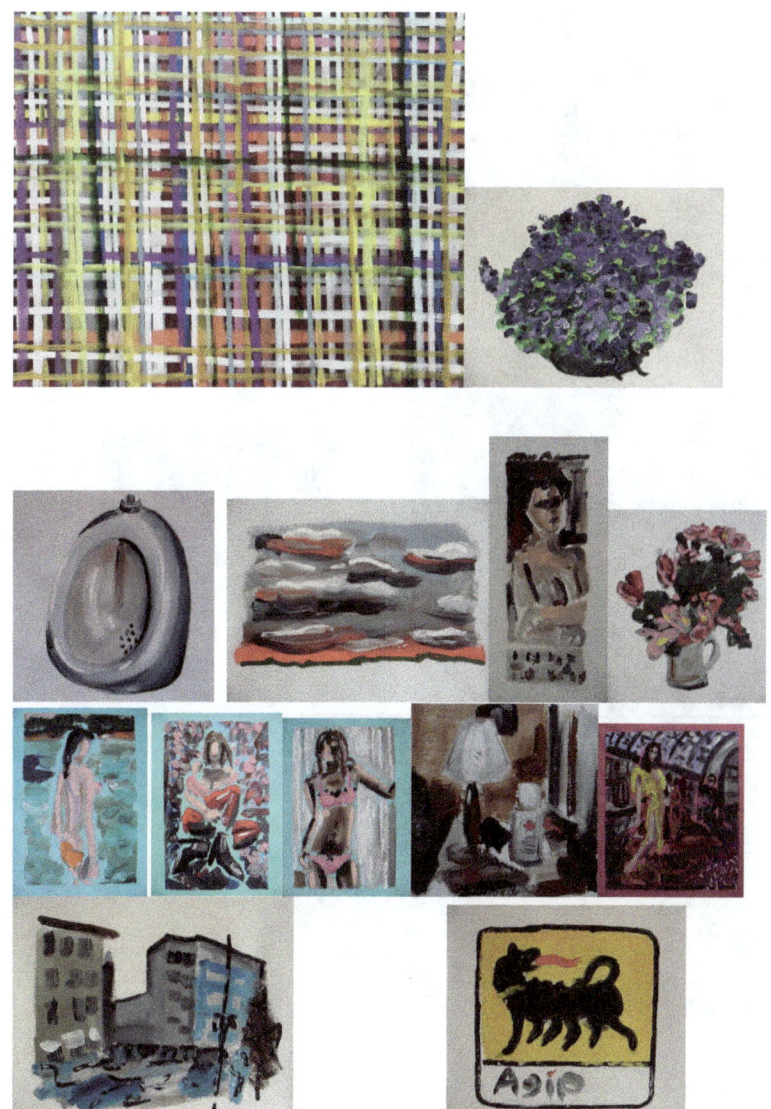

CXXVIII

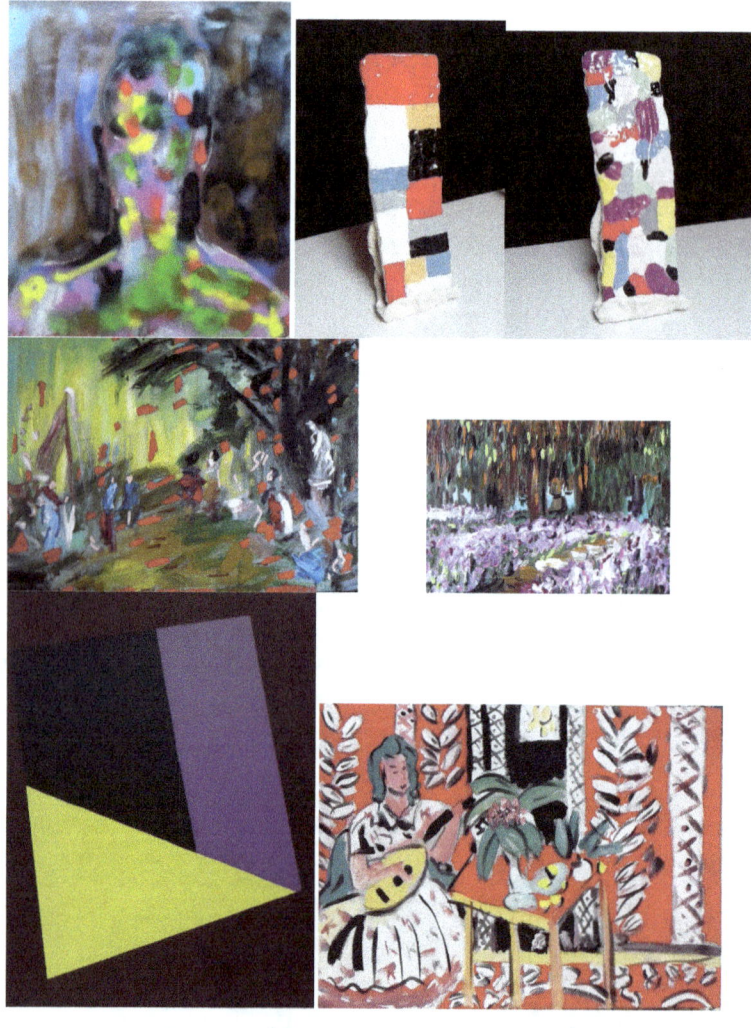

CXXIX

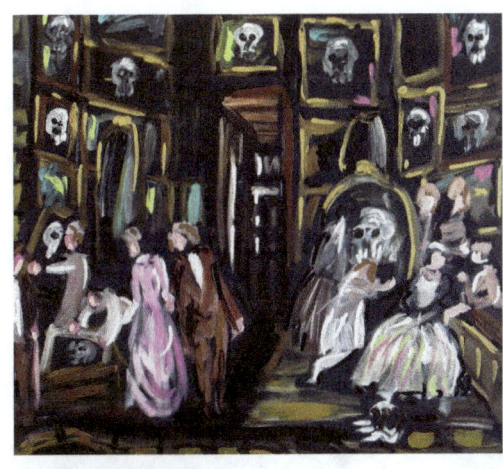
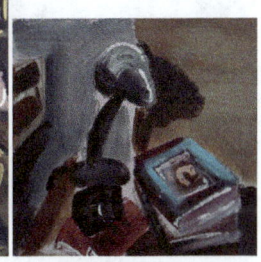
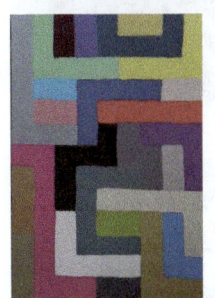
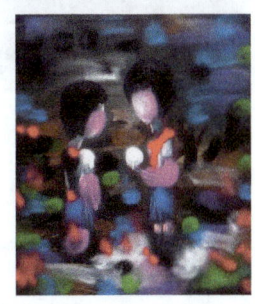
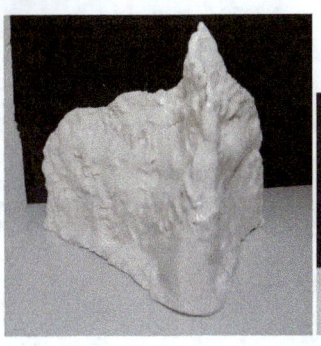
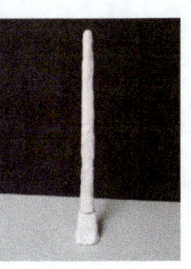

CXXX

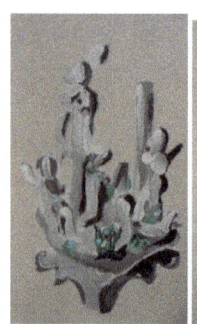
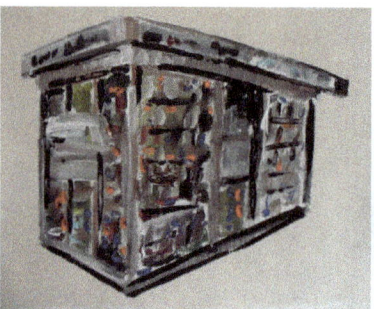
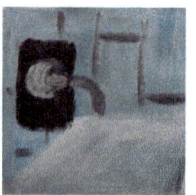
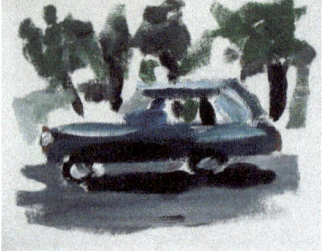
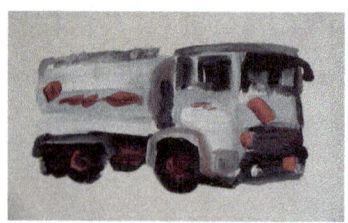
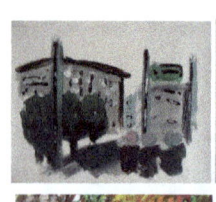
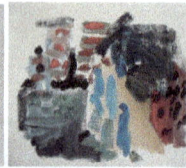
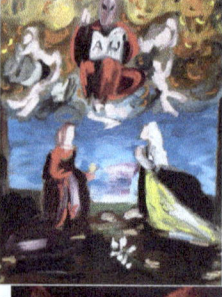
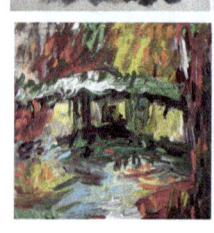
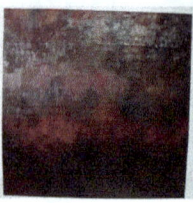
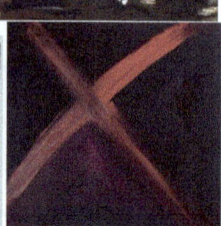

CXXXI

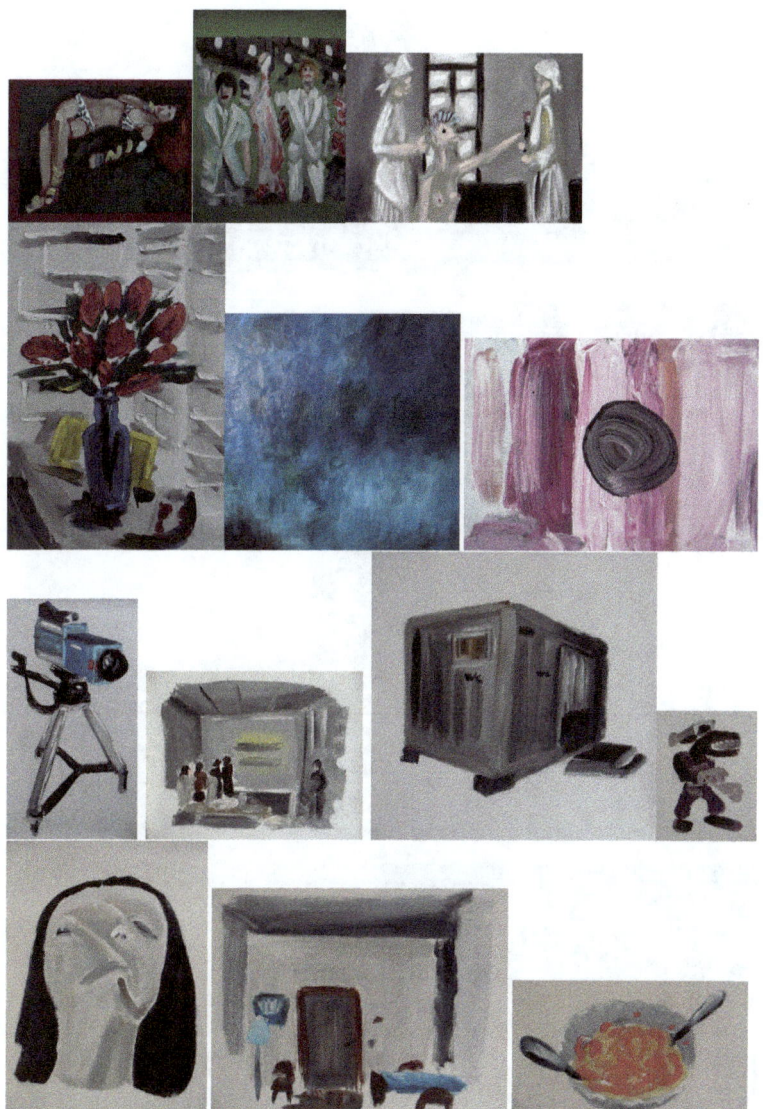

CXXXII

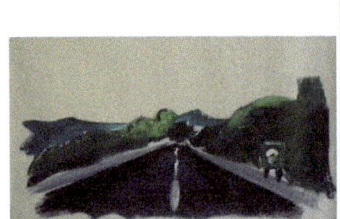
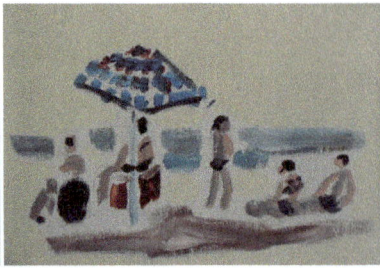
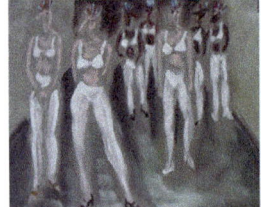
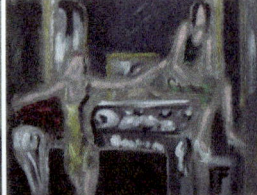
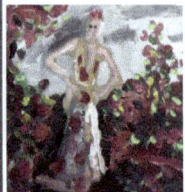
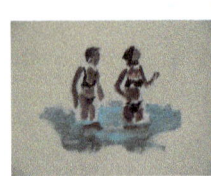
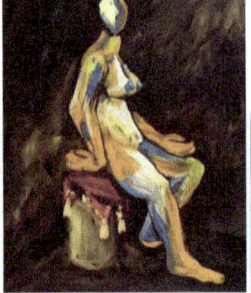
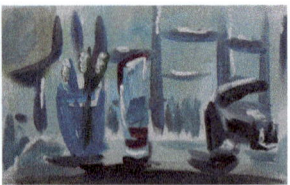
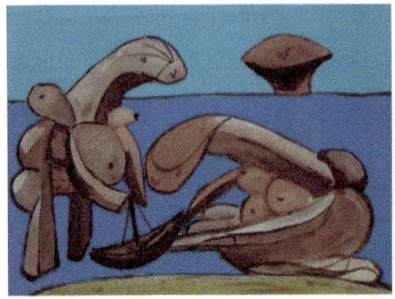
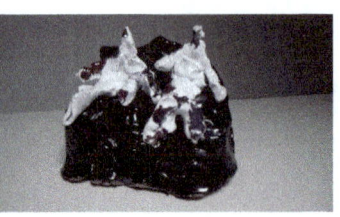

CXXXIII

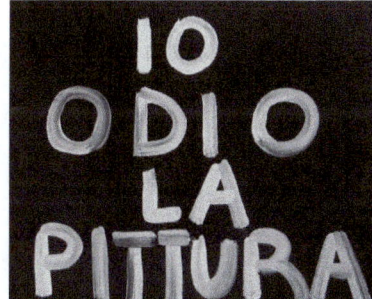
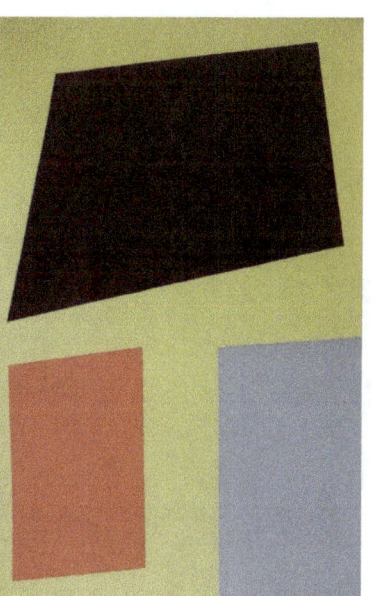
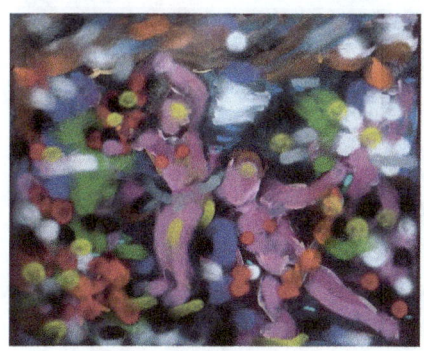
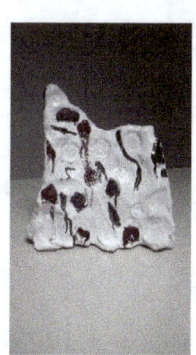

CXXXIV

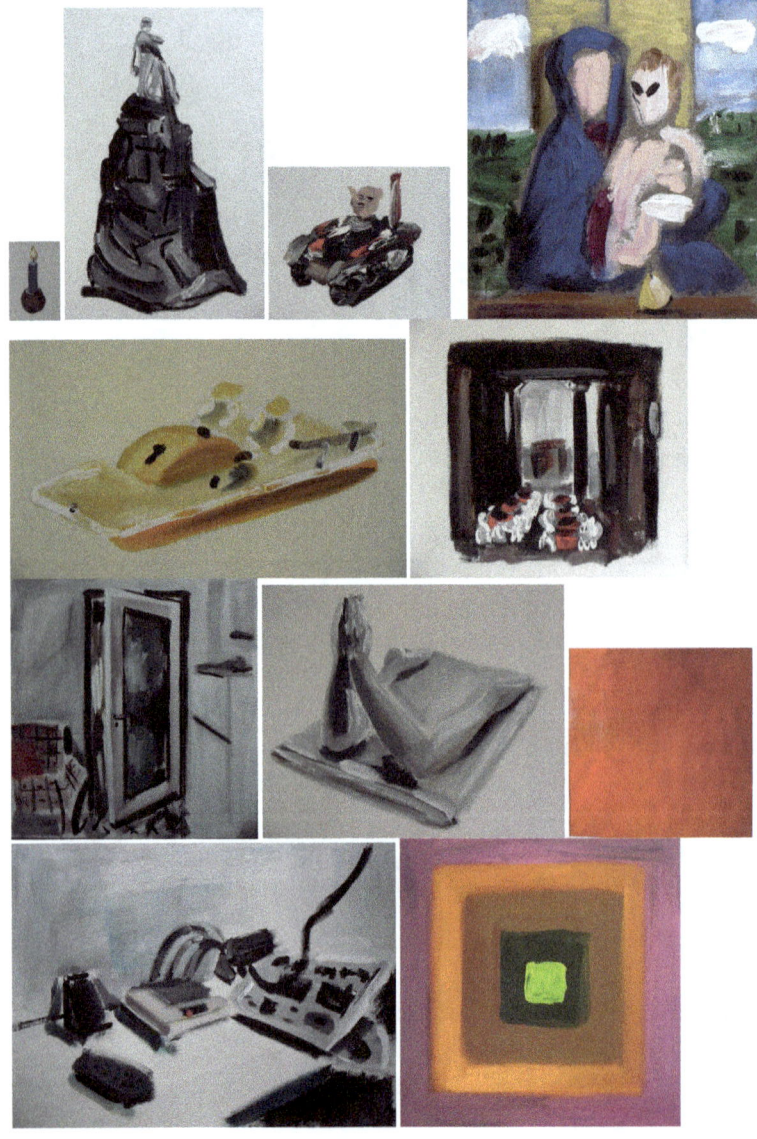

CXXXV

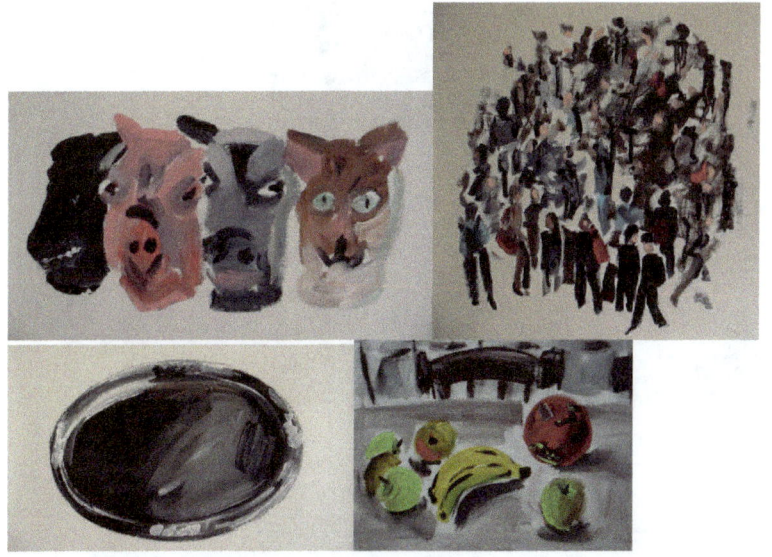

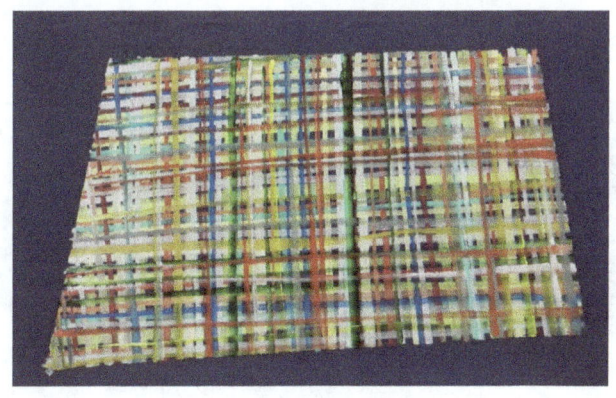

CXXXVI

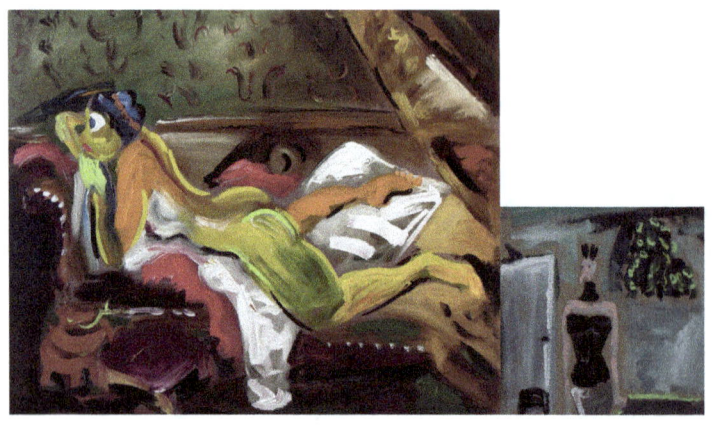

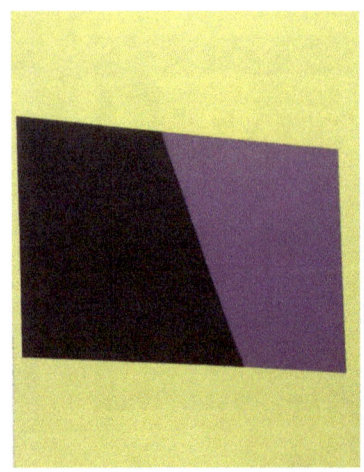

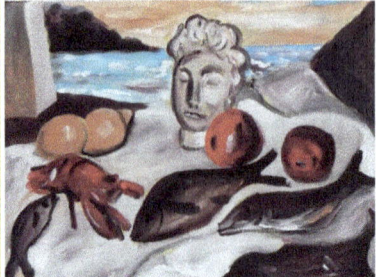

CXXXVII

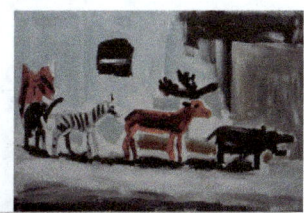

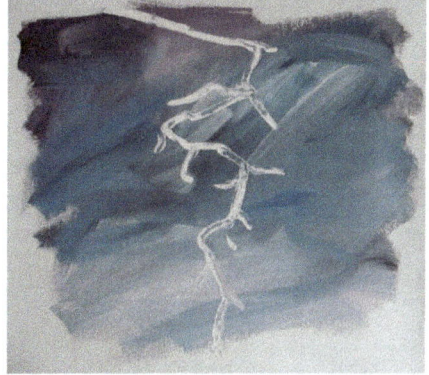
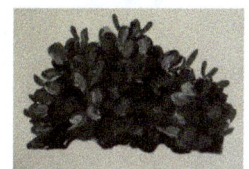
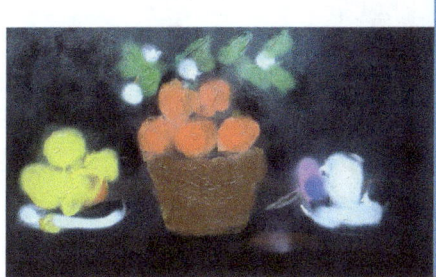
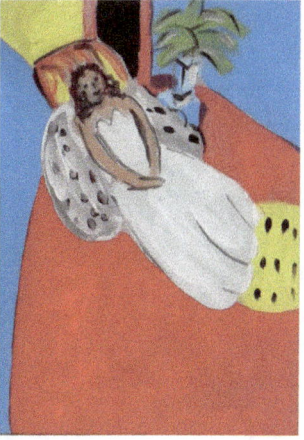

CXXXVIII

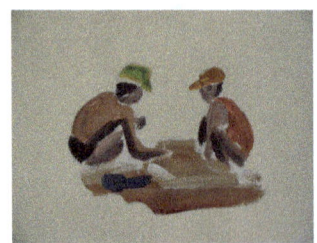
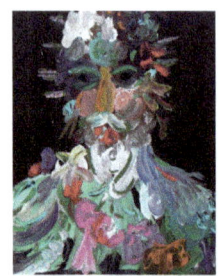
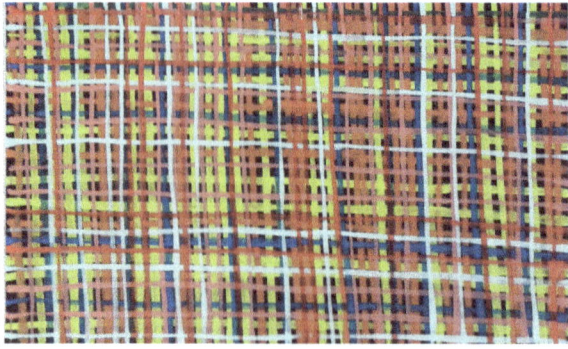
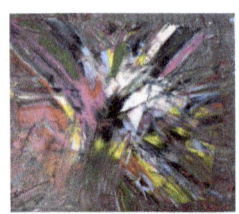
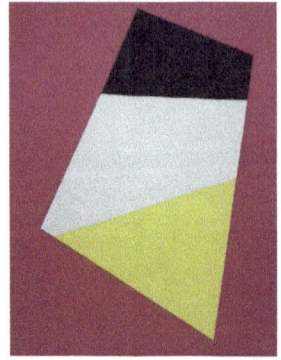

CXXXIX

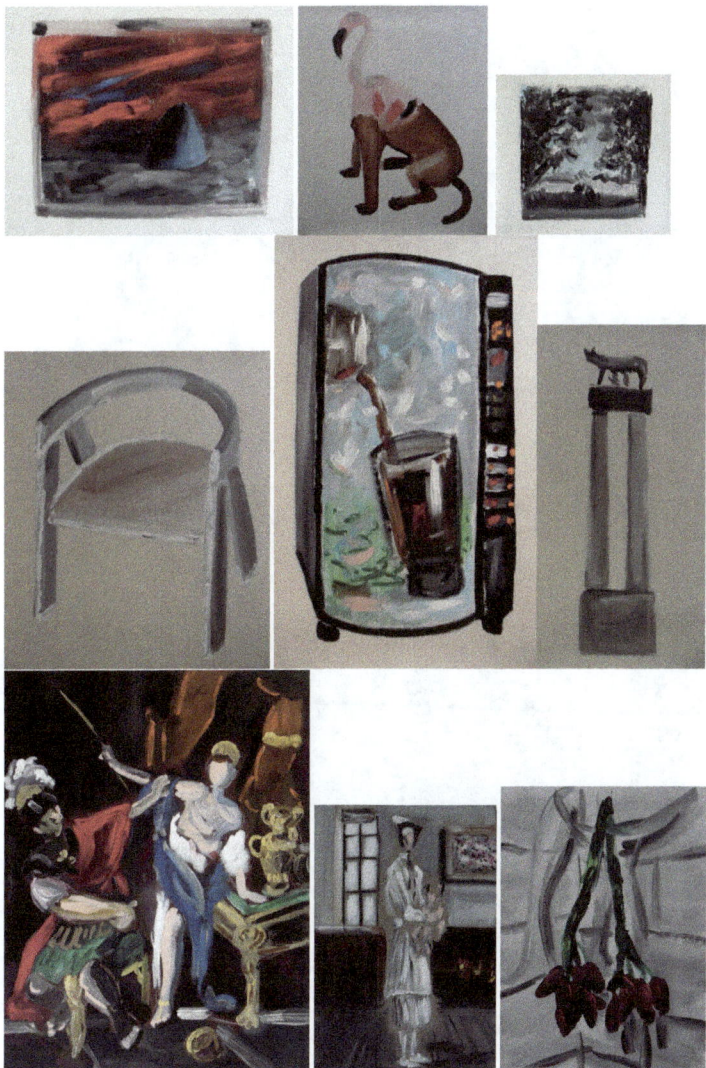

CXL

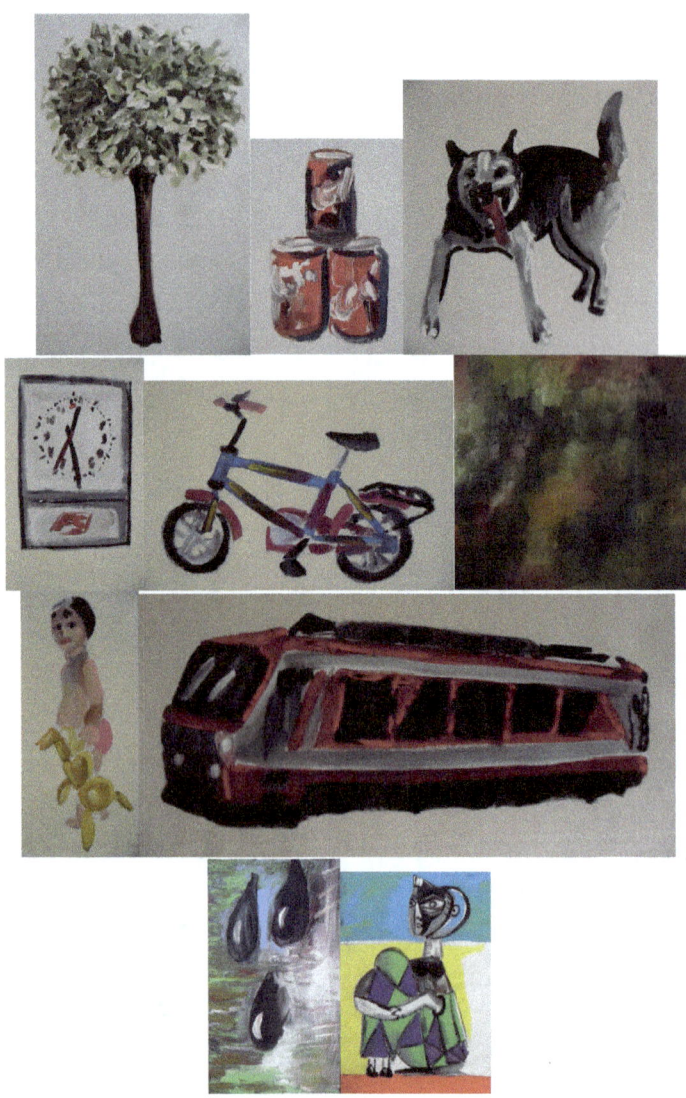

CXLI

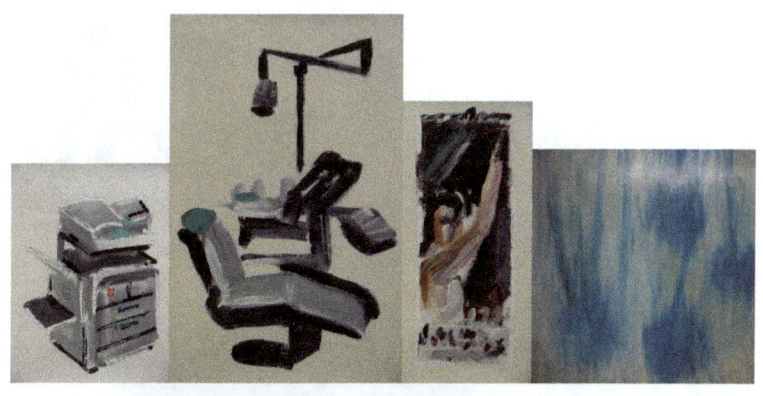
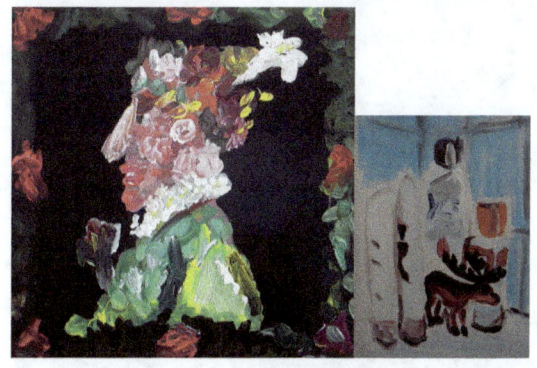
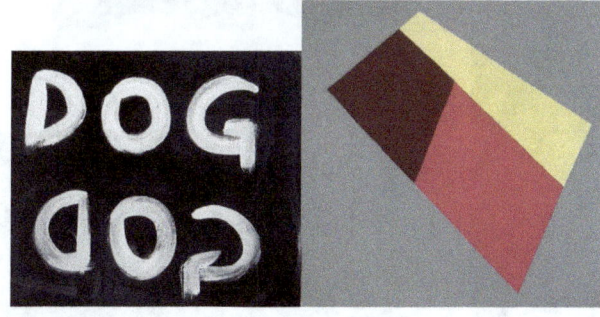

CXLII

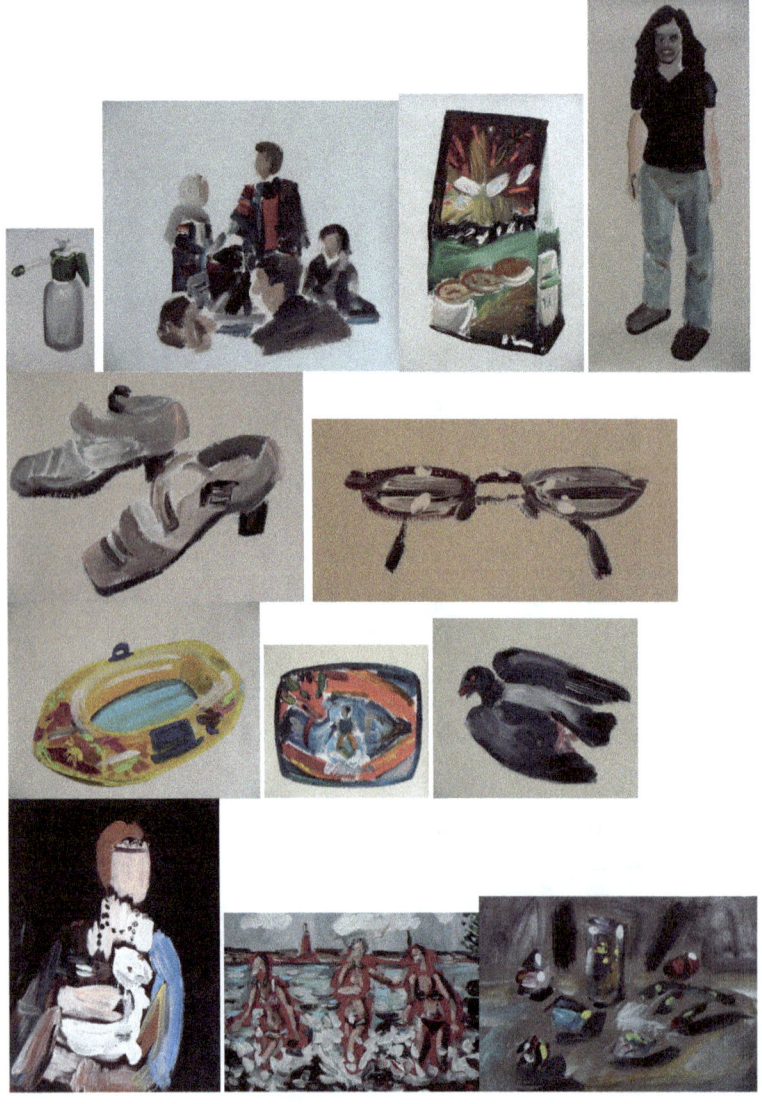

CXLIII

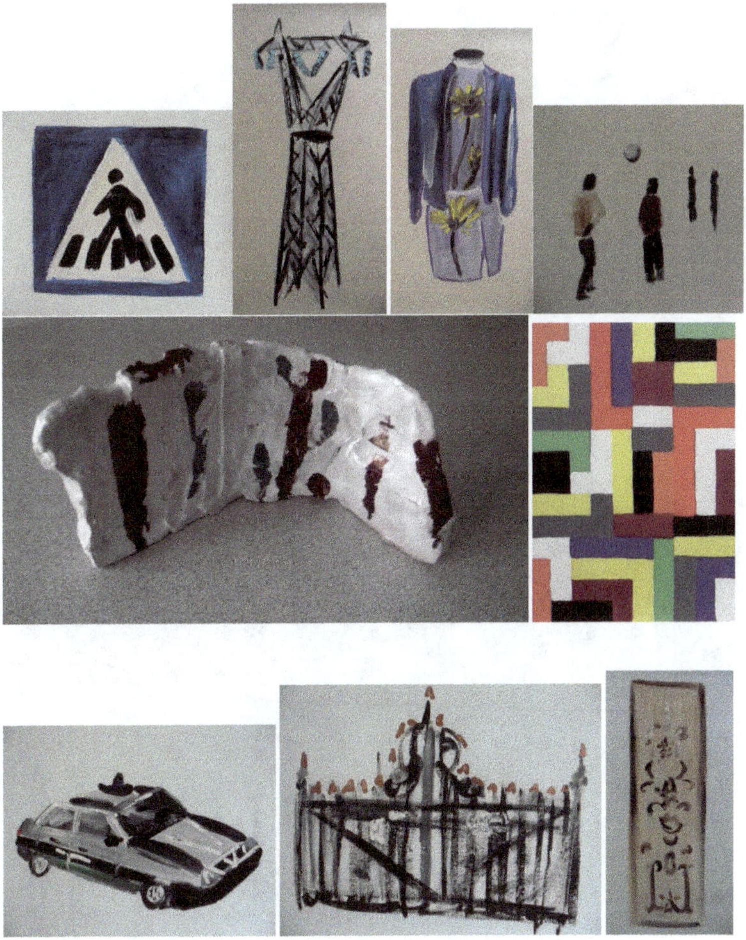

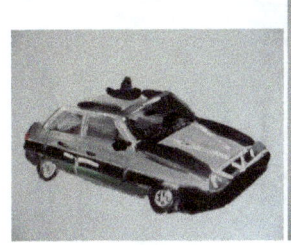
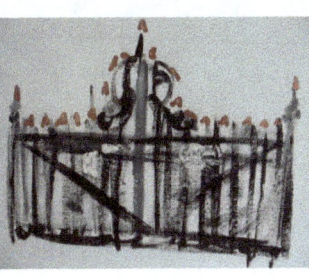
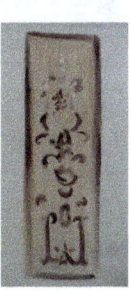

CXLIV

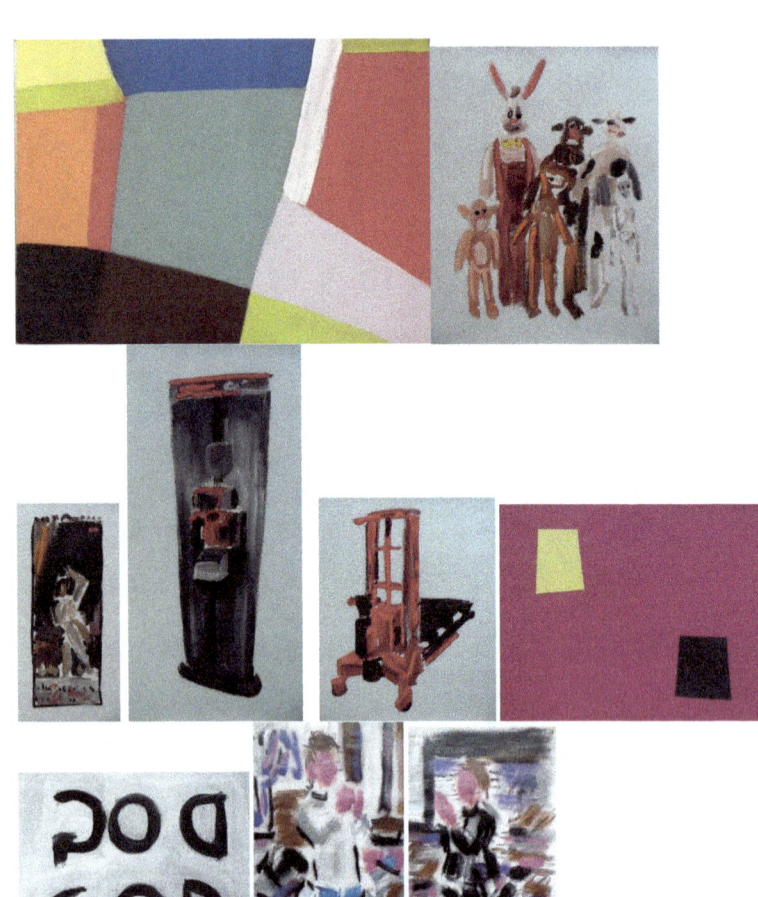

CXLV

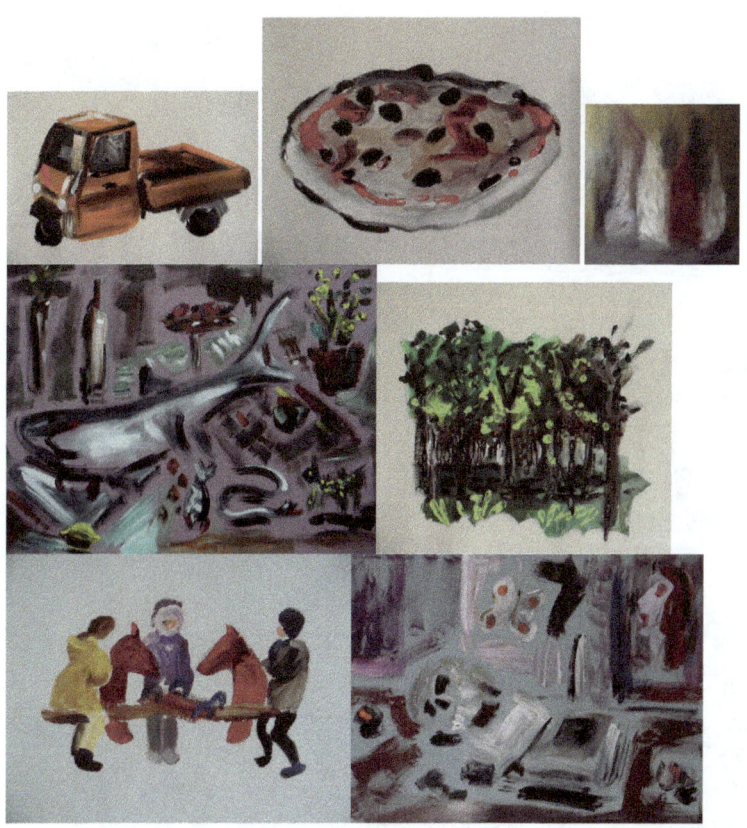

CXLVI

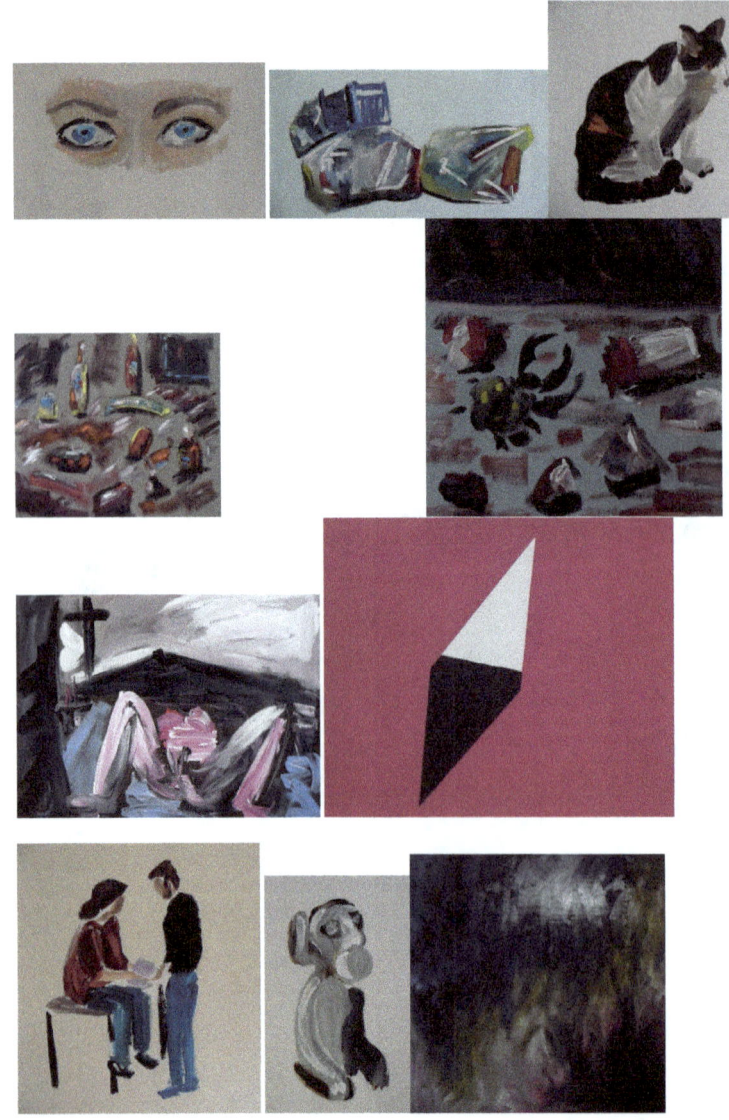

CXLVII

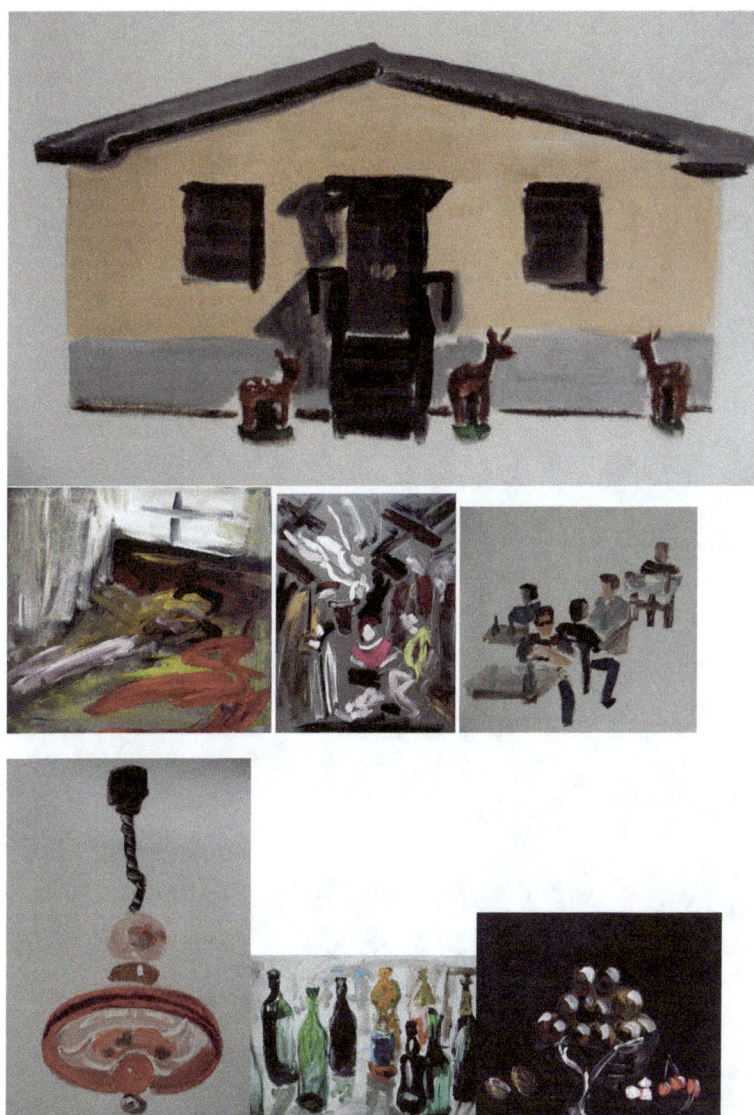

CXLVIII

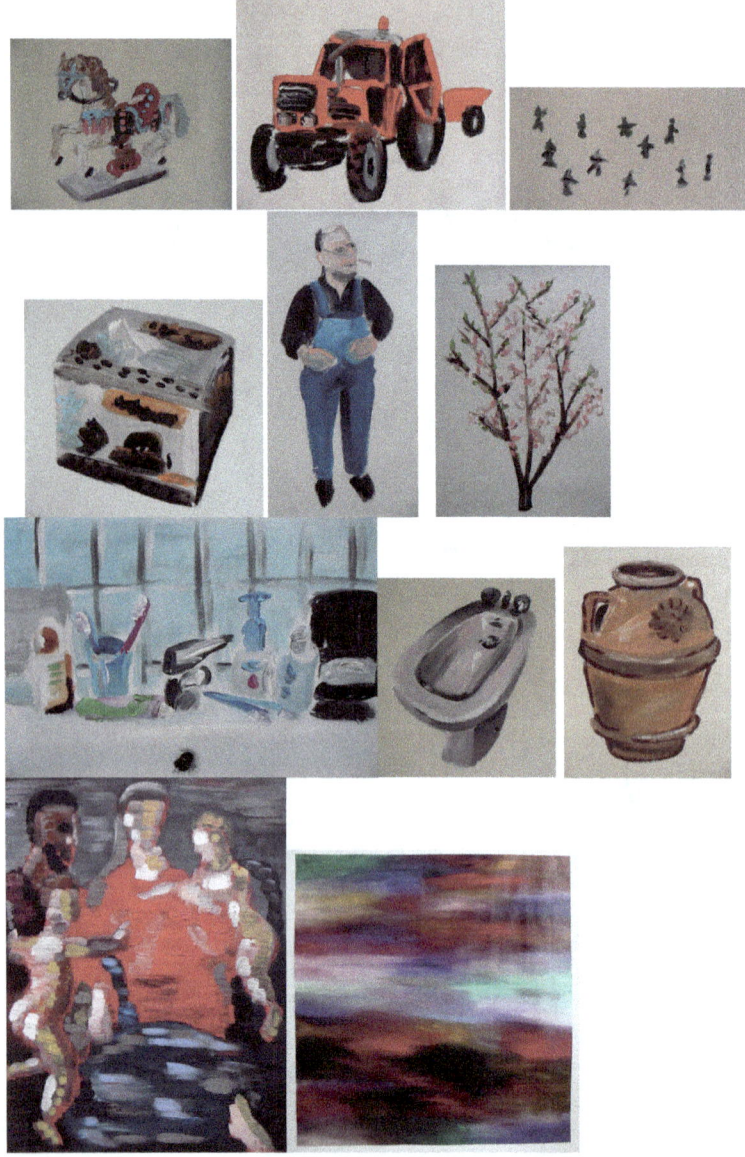

CXLIX

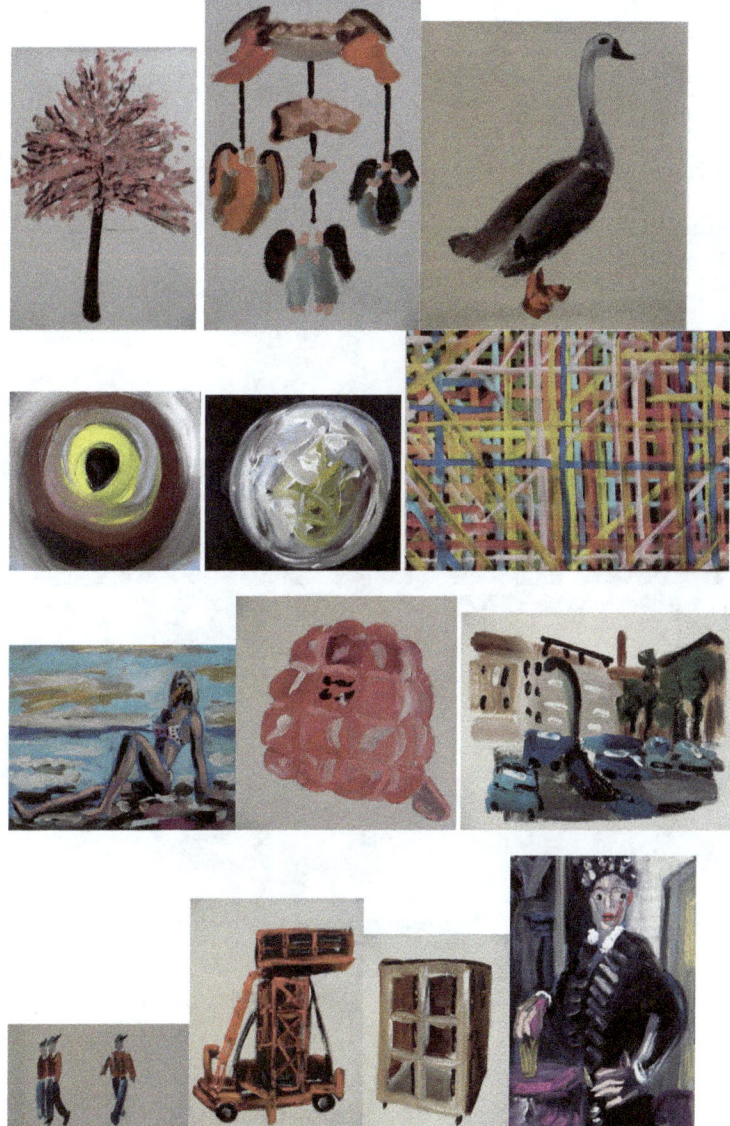

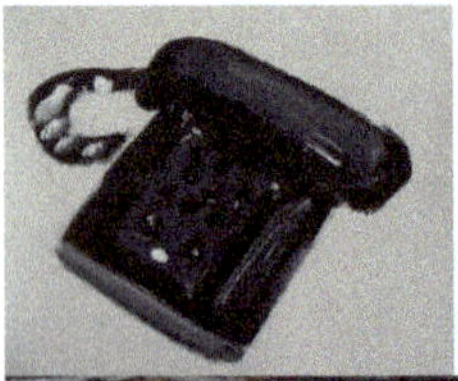

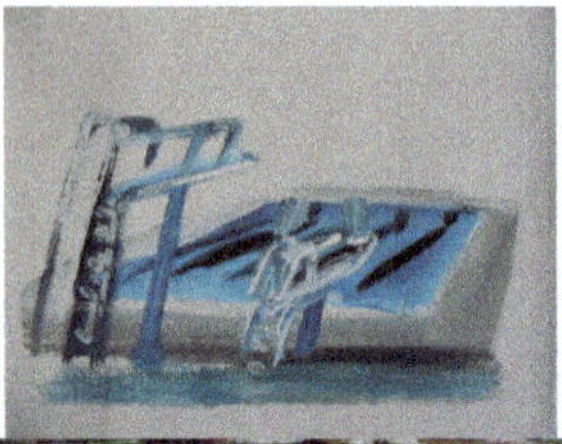

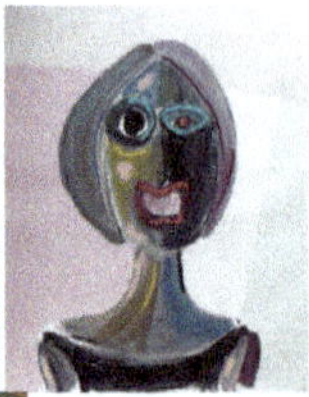

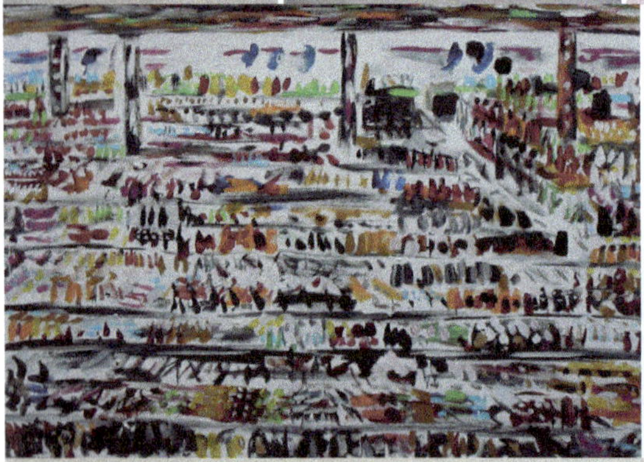

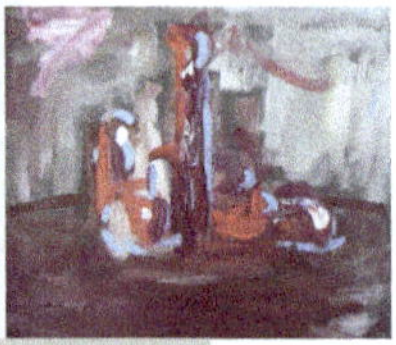

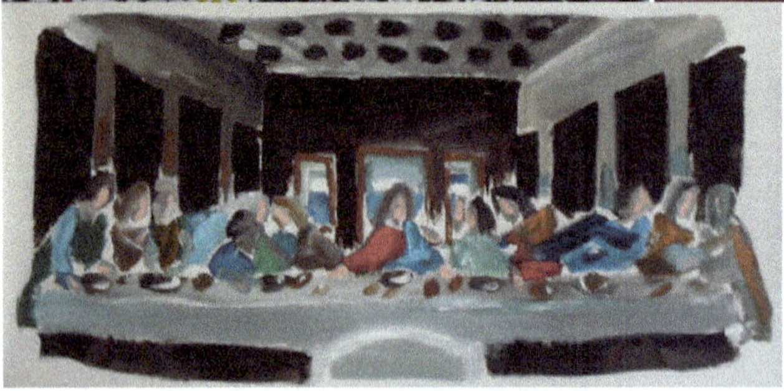

CL

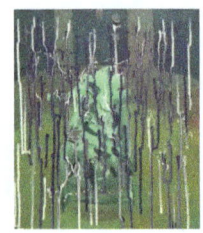

CLI

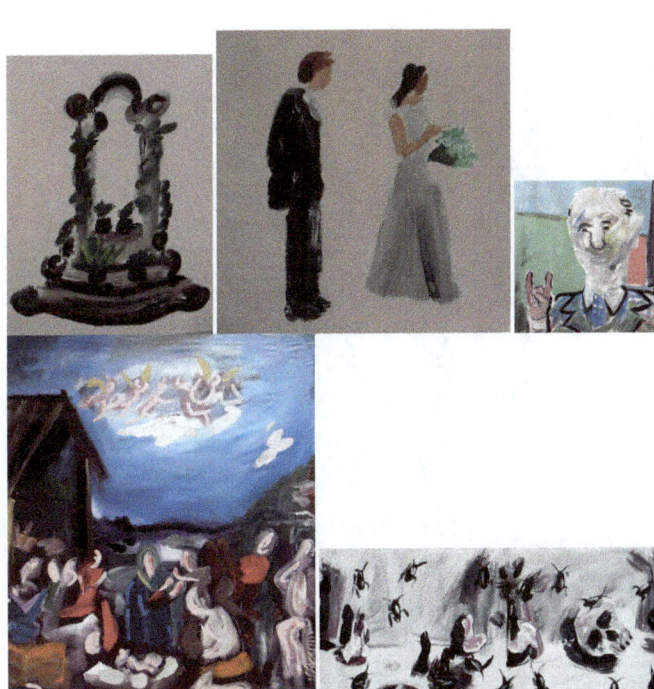

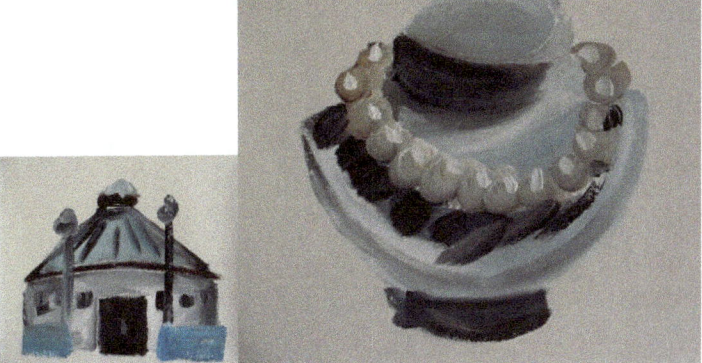

CLII

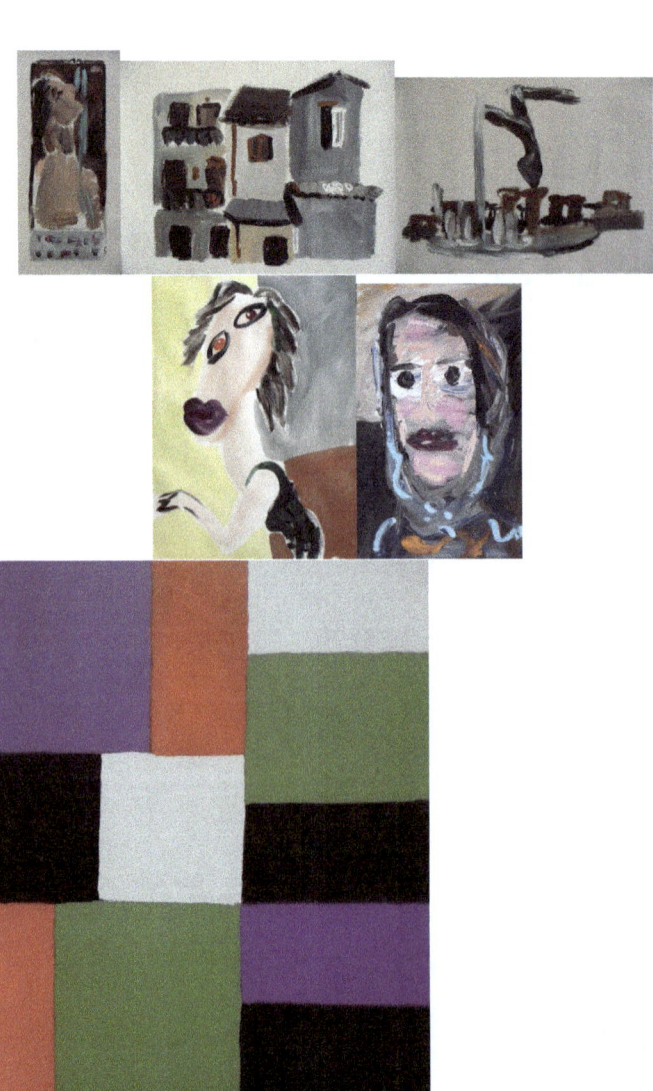

CLIII

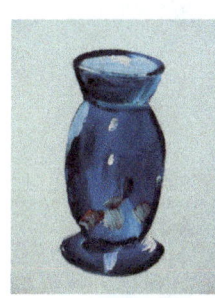
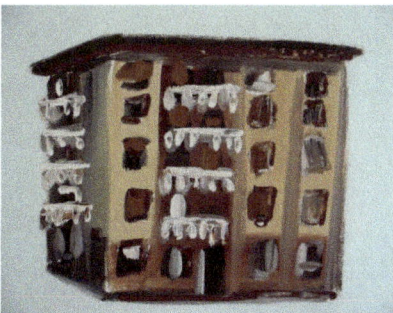
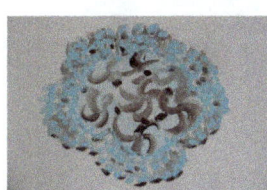
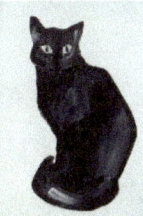
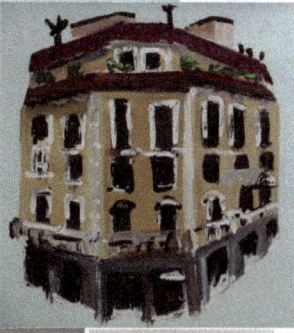
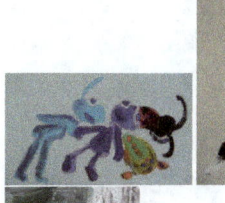
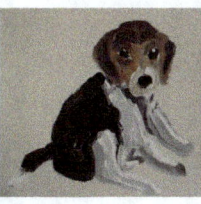
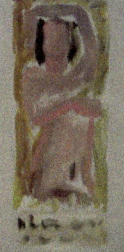
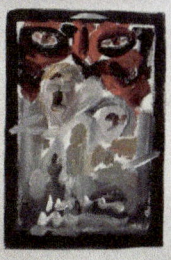
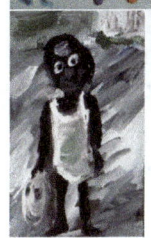

CLIV

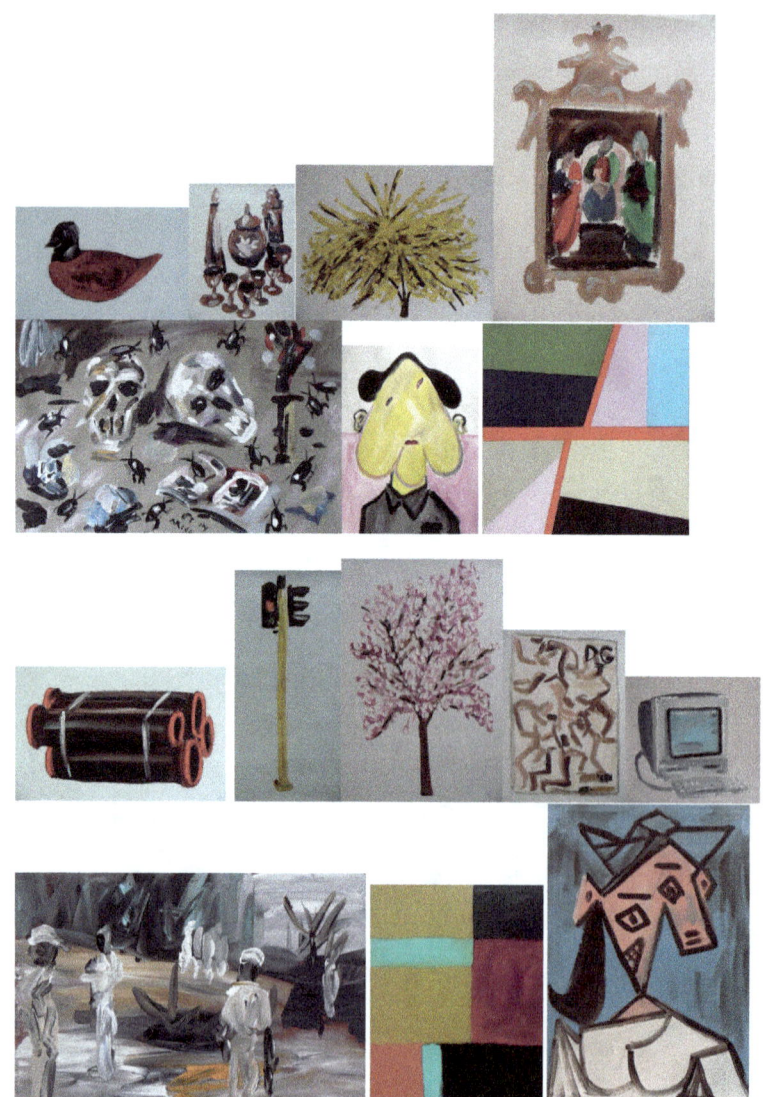

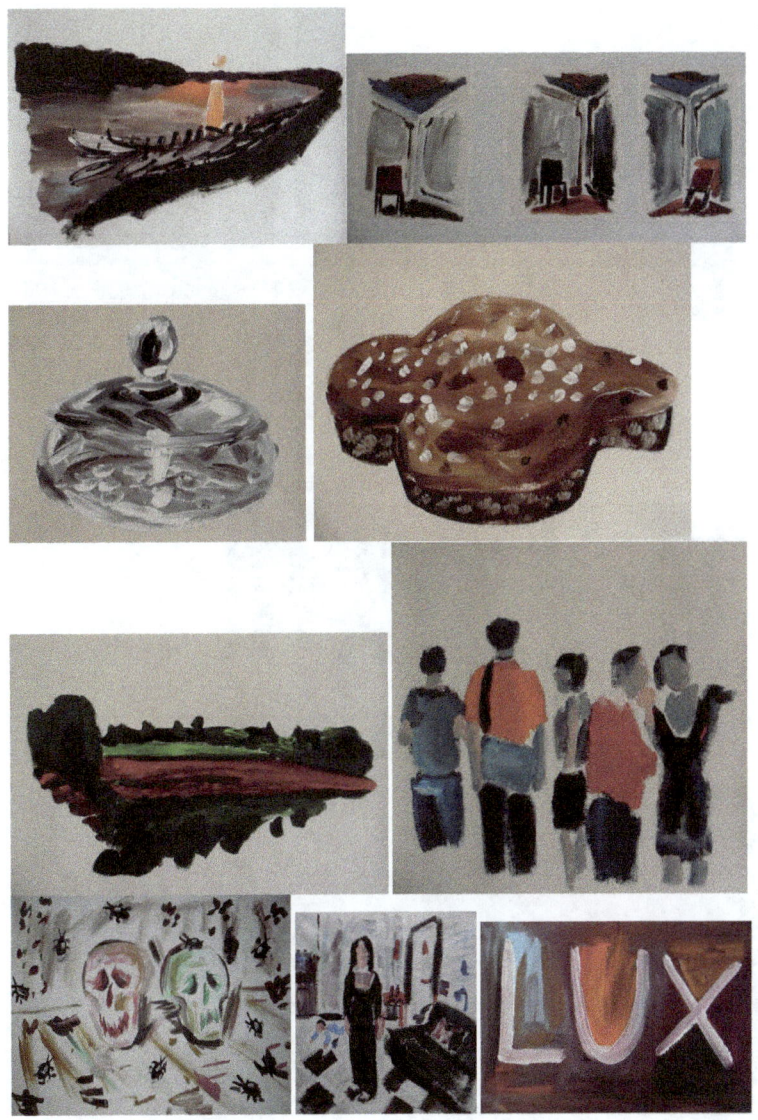

CLVI

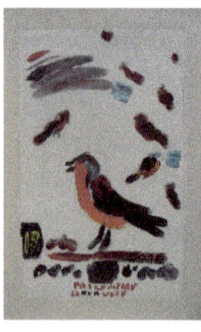
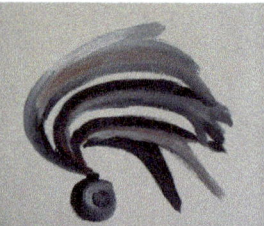
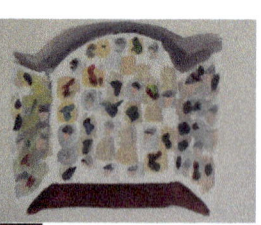
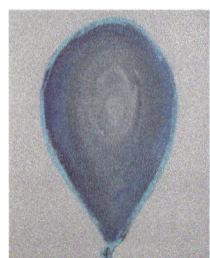
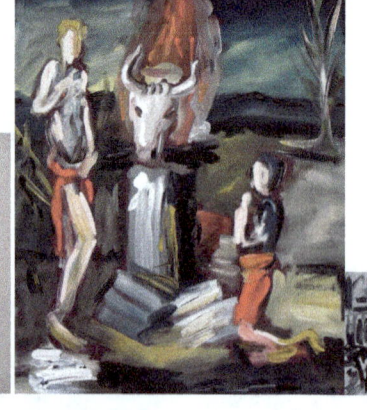
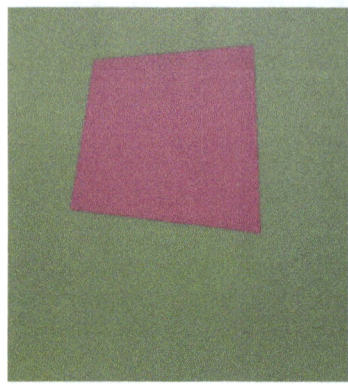
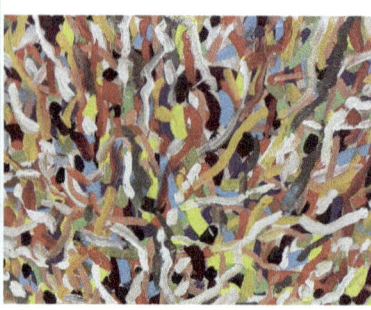

CLVII

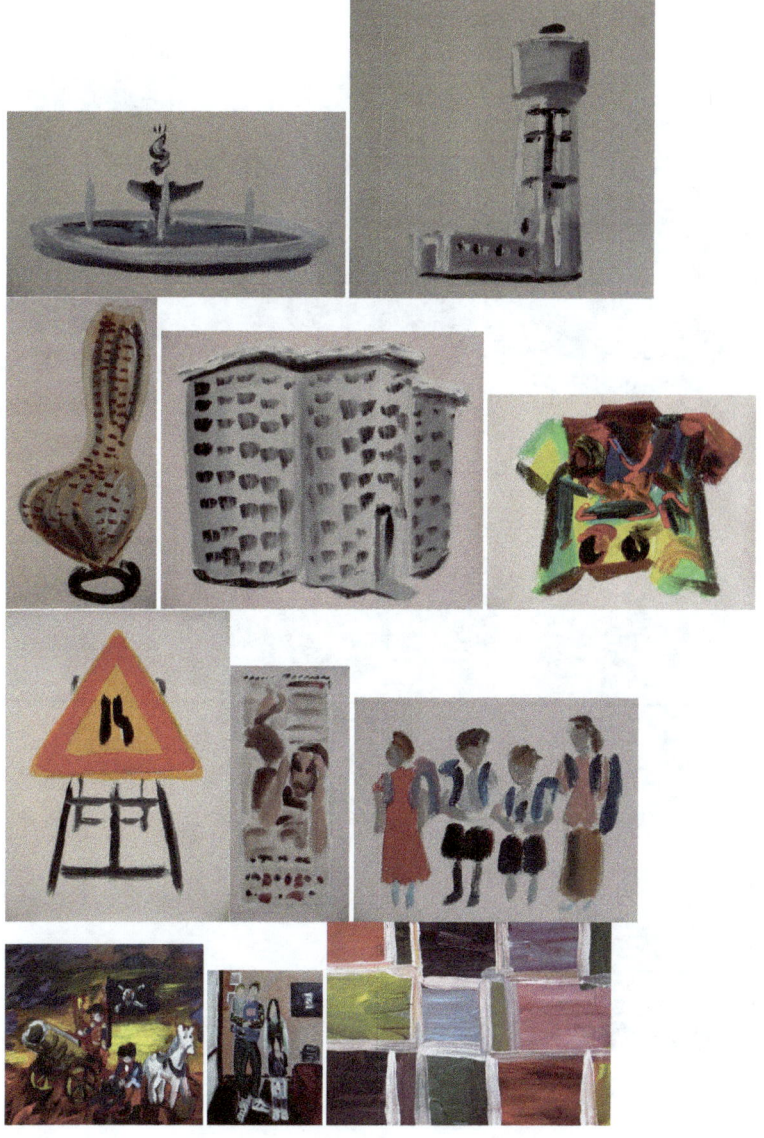

CLVIII

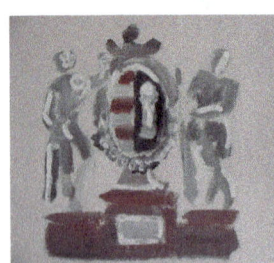
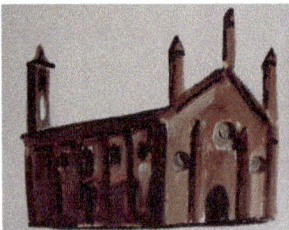
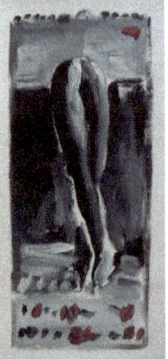
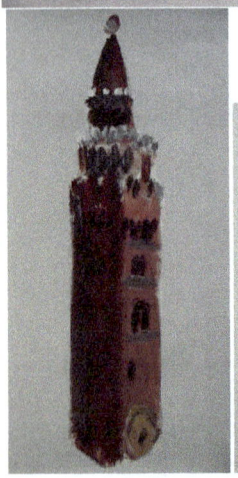
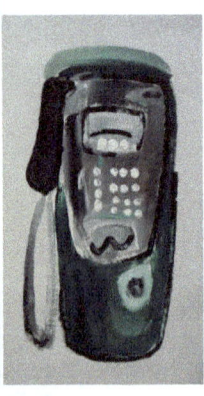
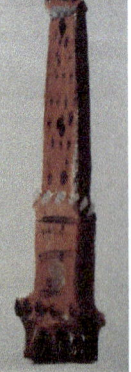
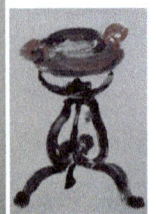
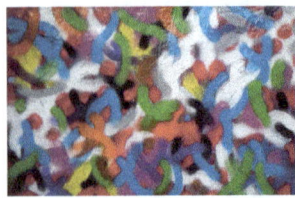

CLIX

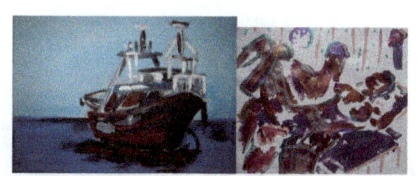

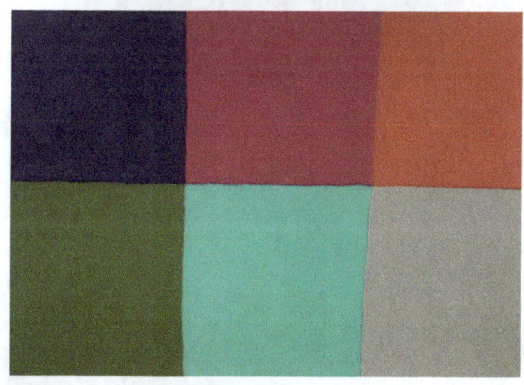

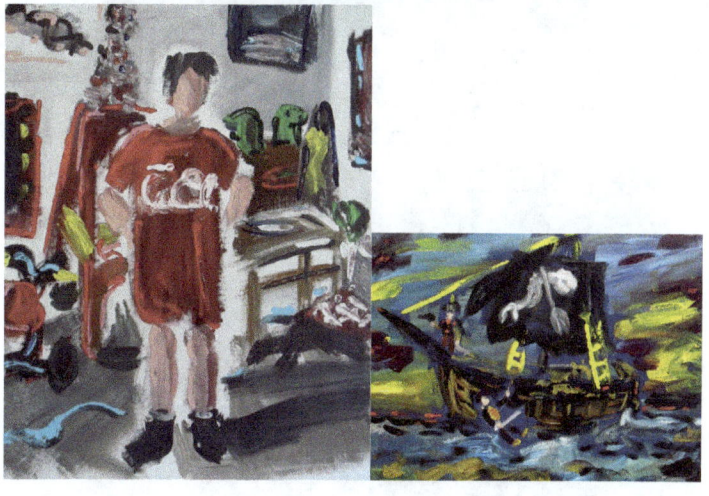

CLX

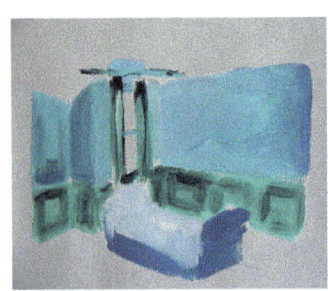
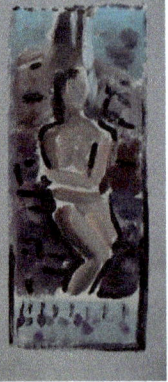
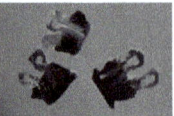
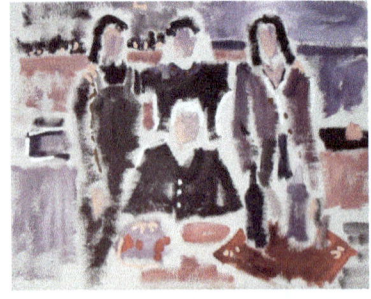
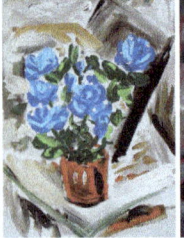
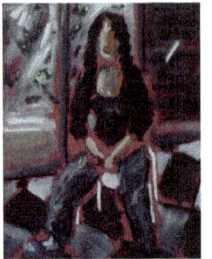
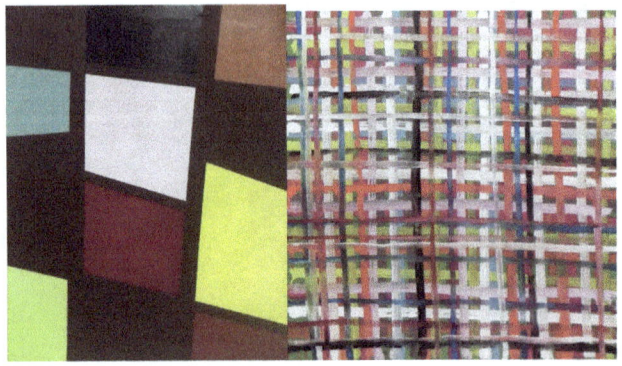

CLXI

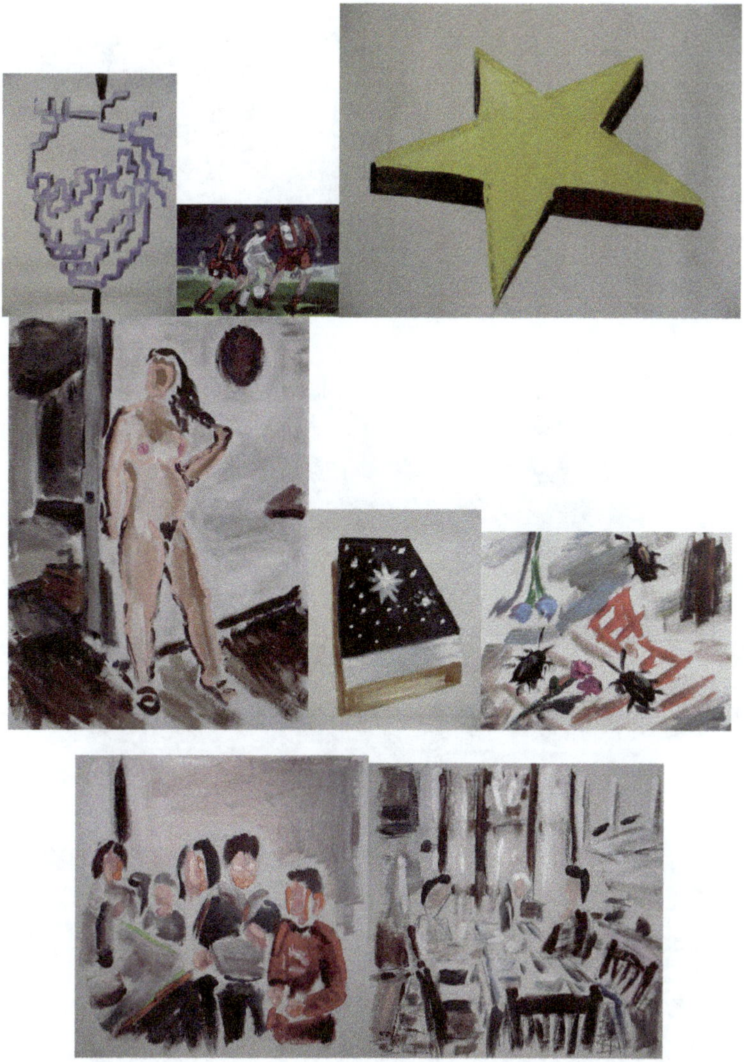

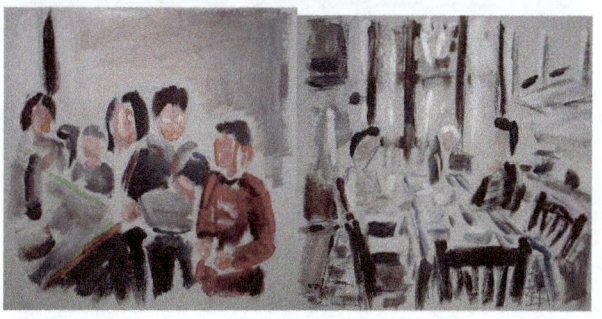

CLXII

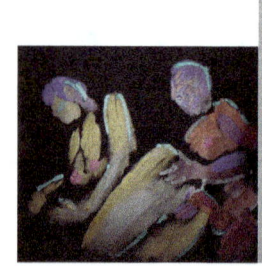
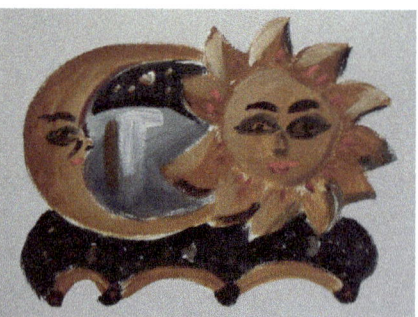
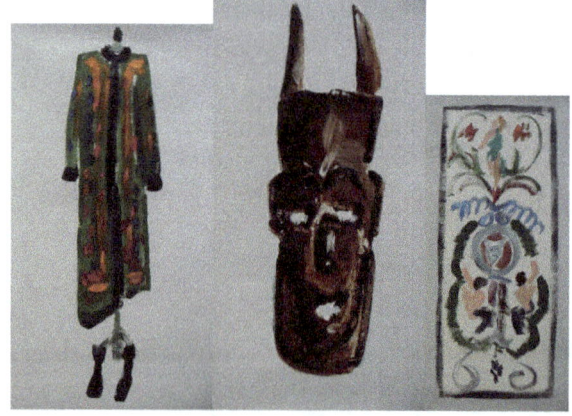
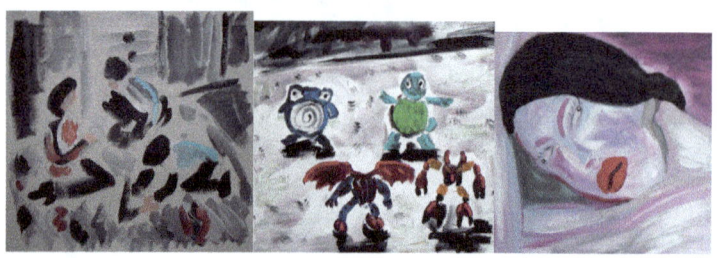

CLXIII

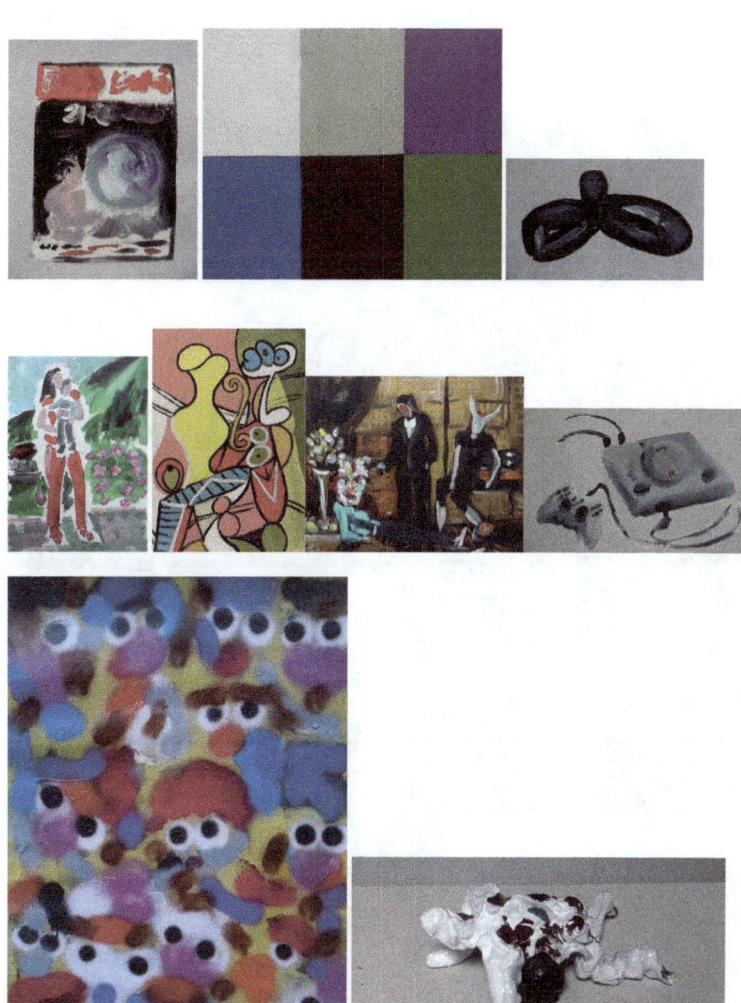

CLXIV

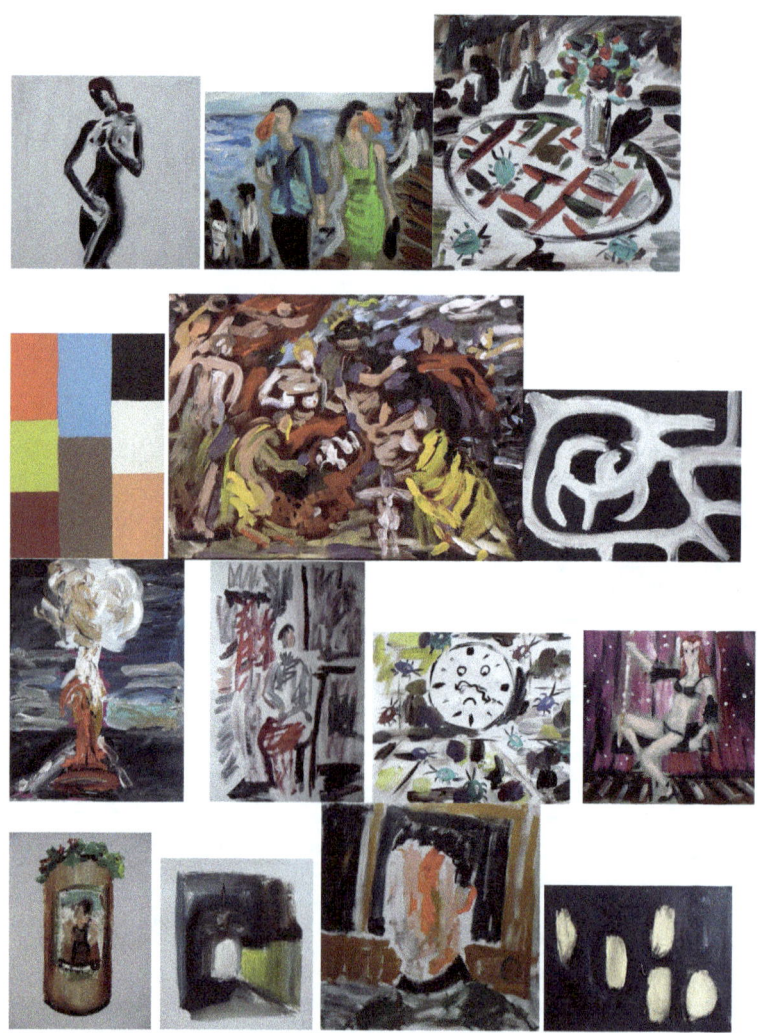

CLXV

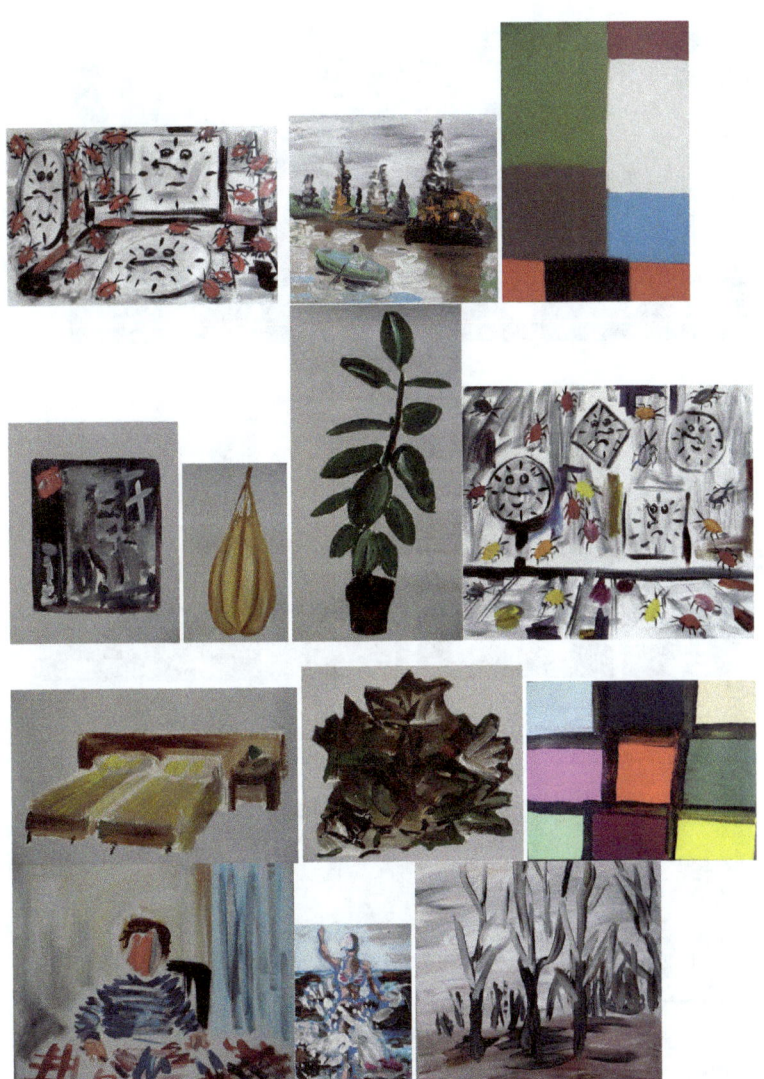

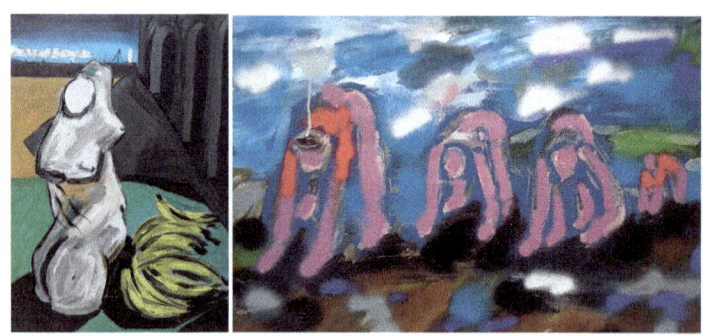
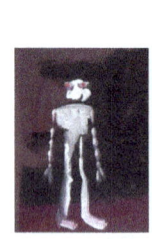
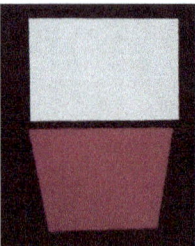
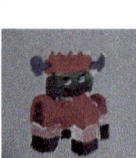
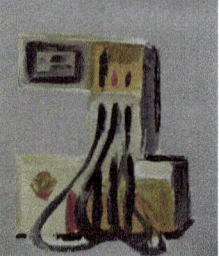
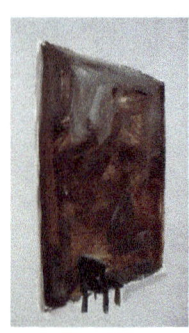
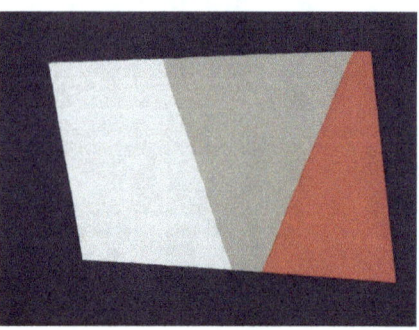

CLXVII

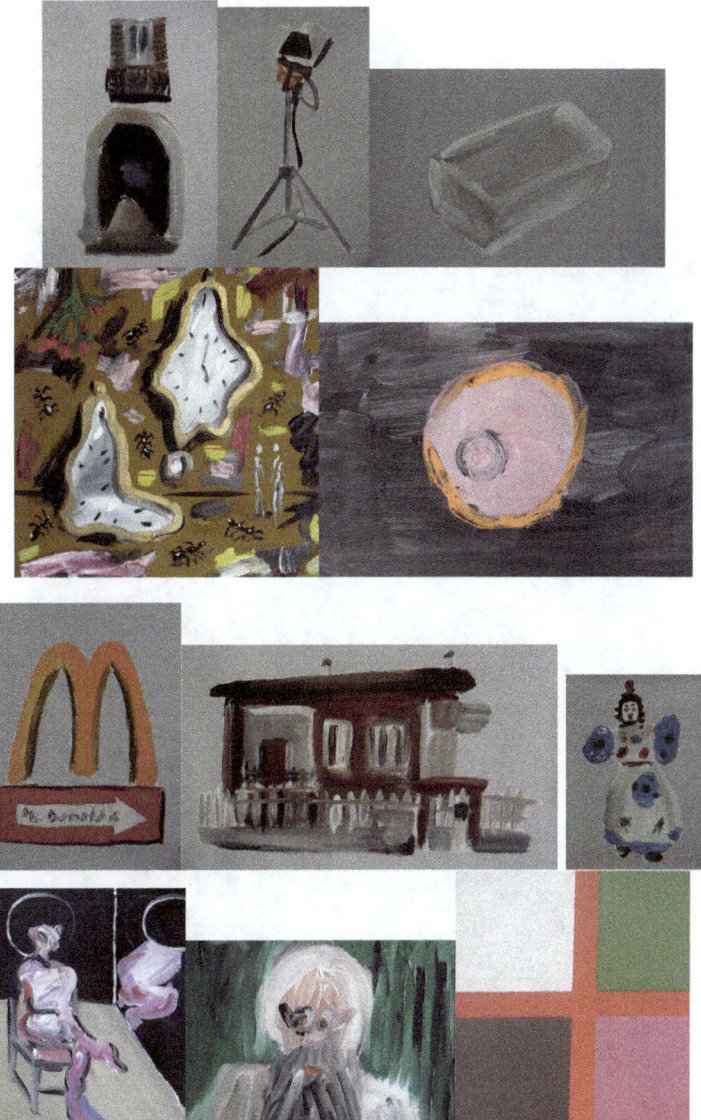

CLXVIII

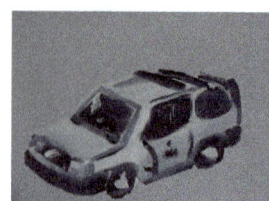
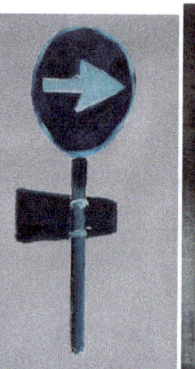
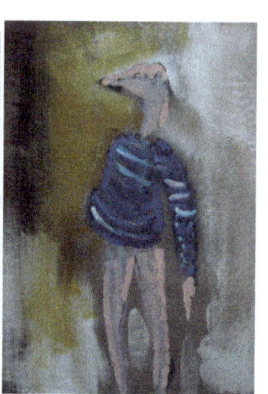
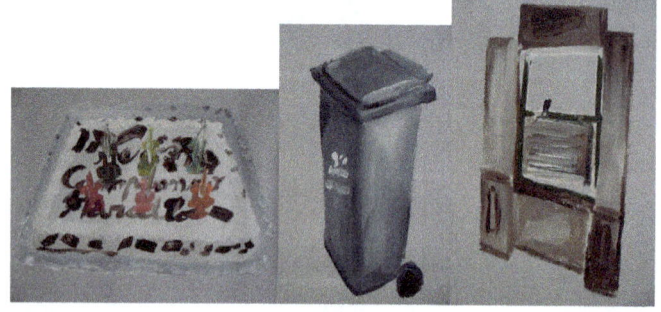
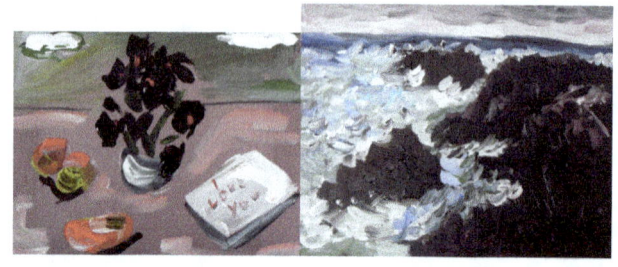

CLXIX

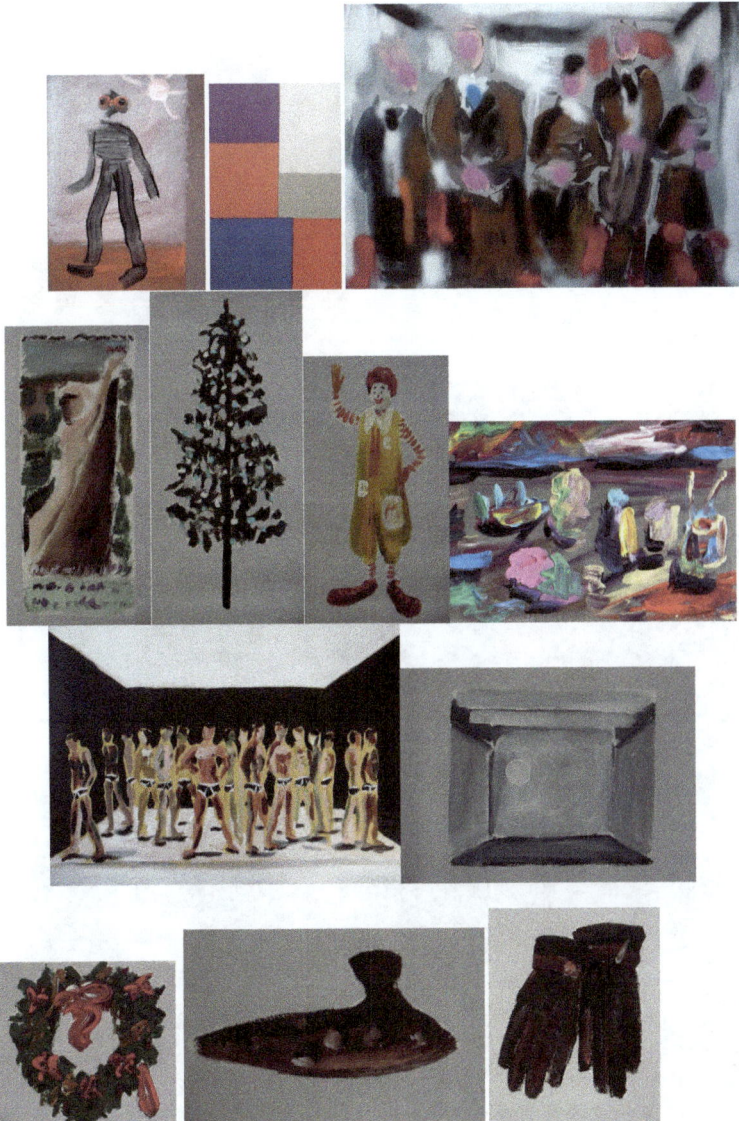

CLXX

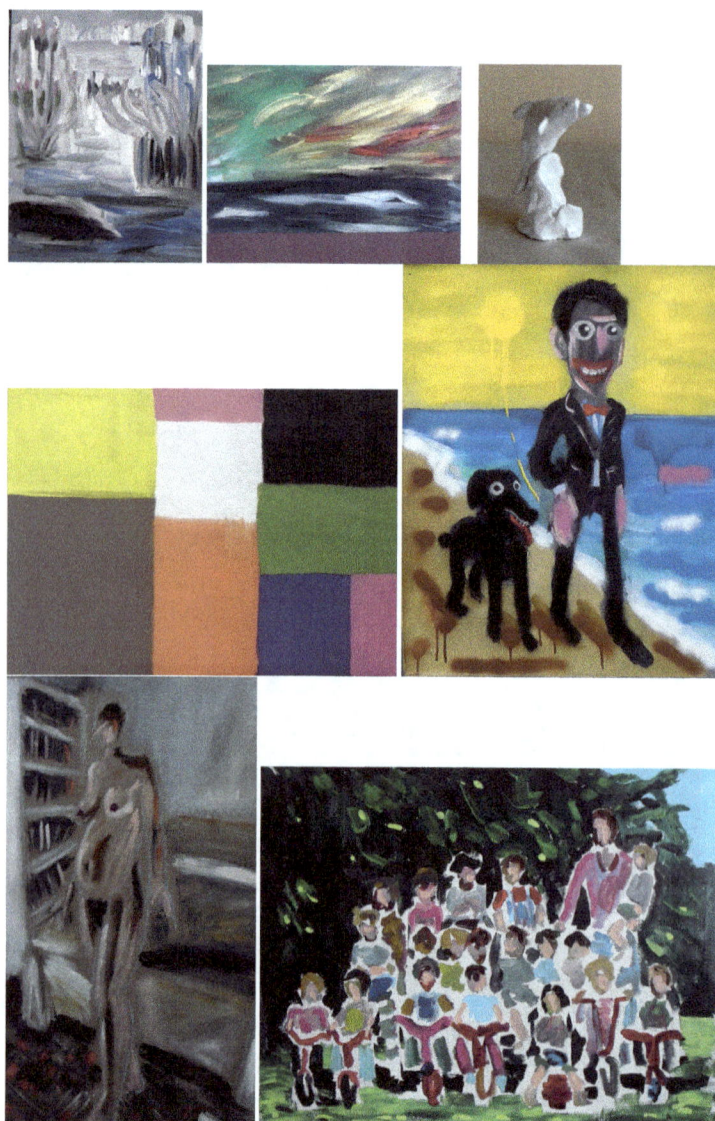

CLXXI

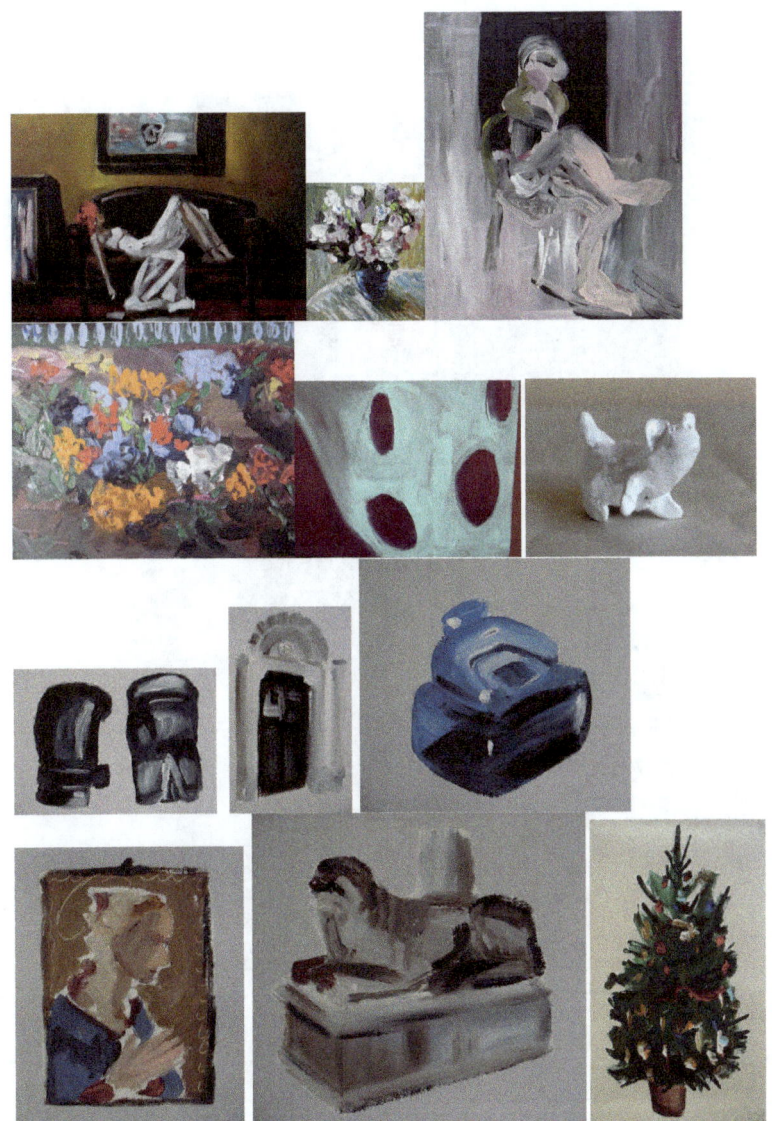

CLXXII

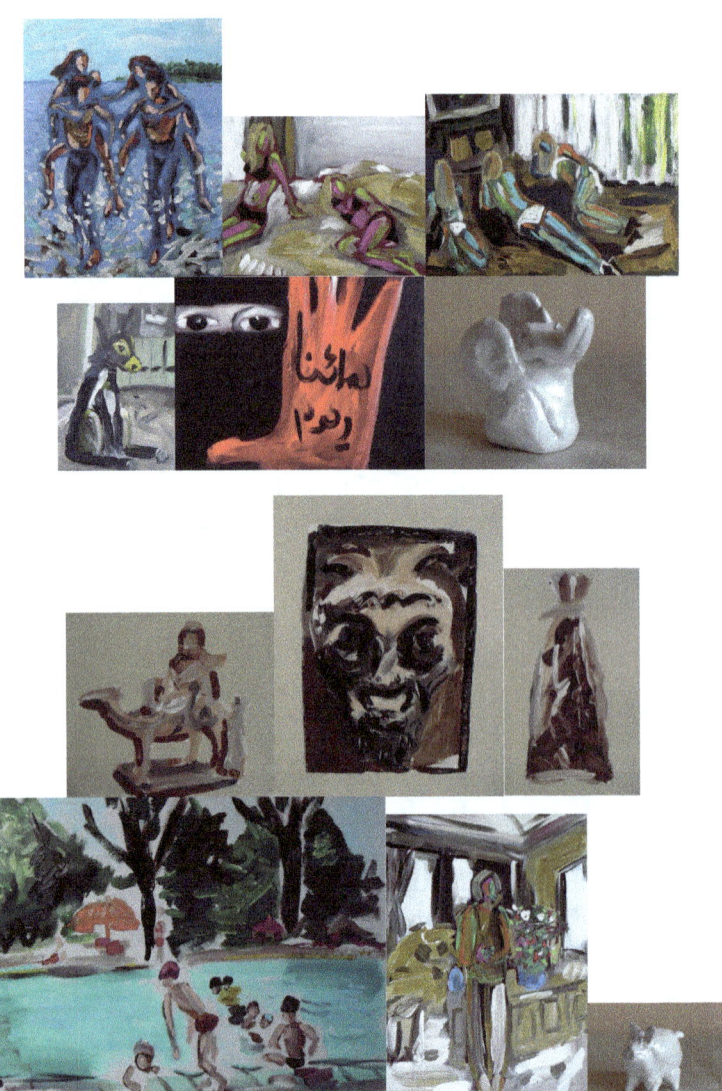

CLXXIII

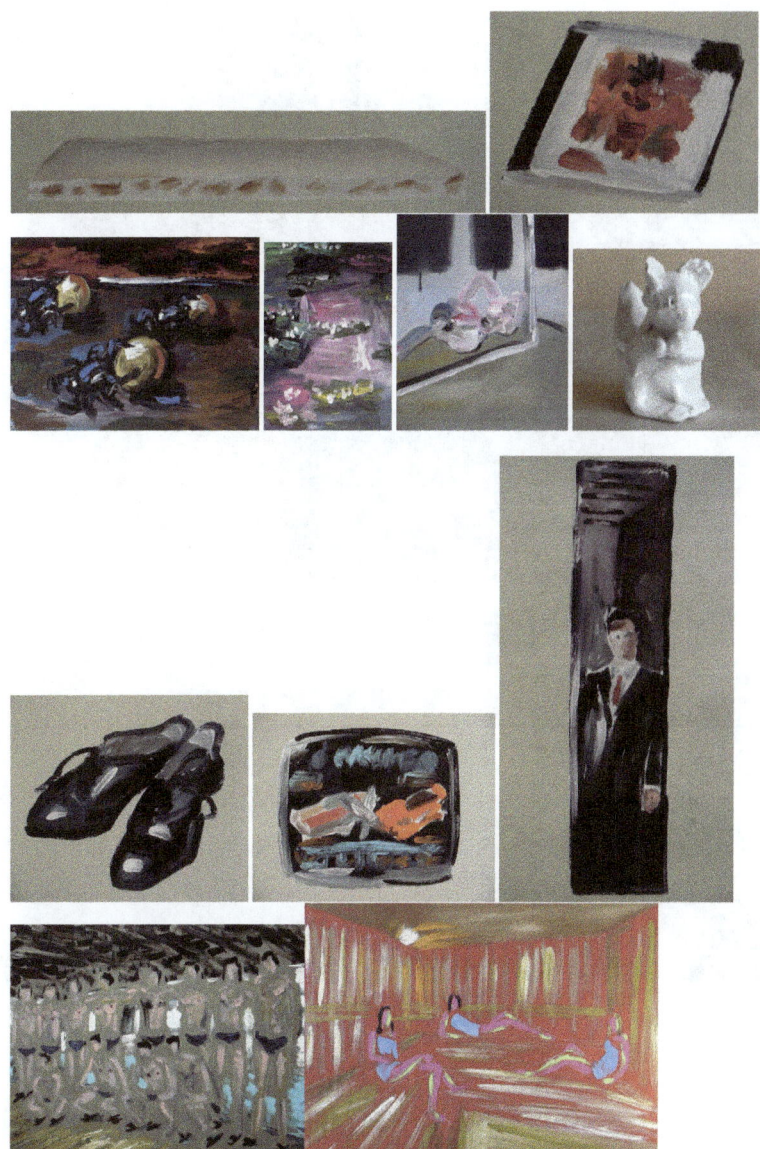

CLXXIV

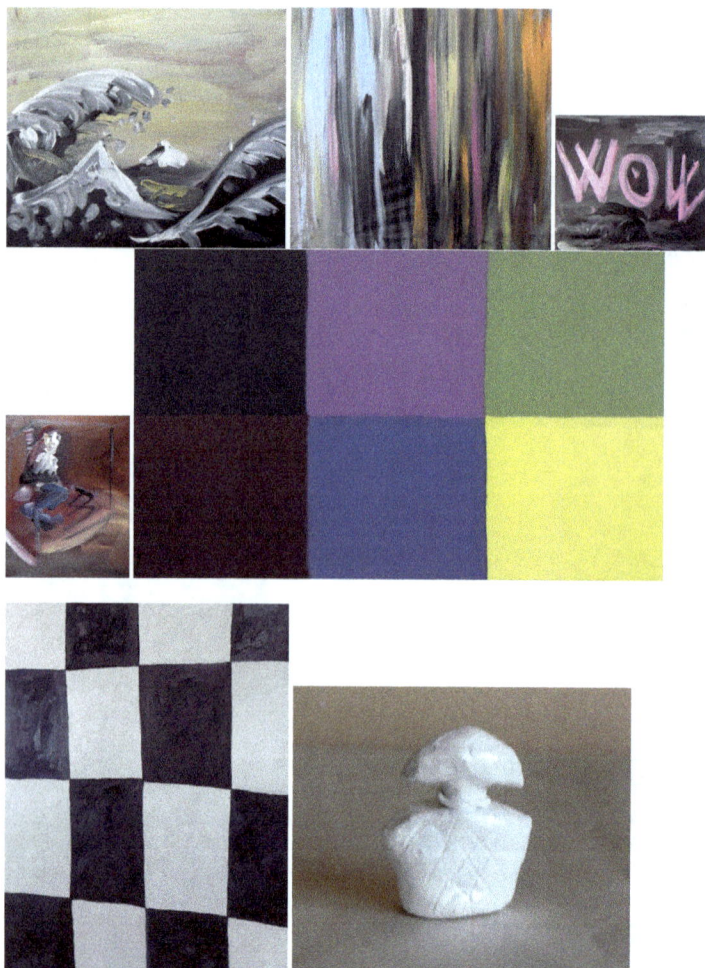

CLXXV

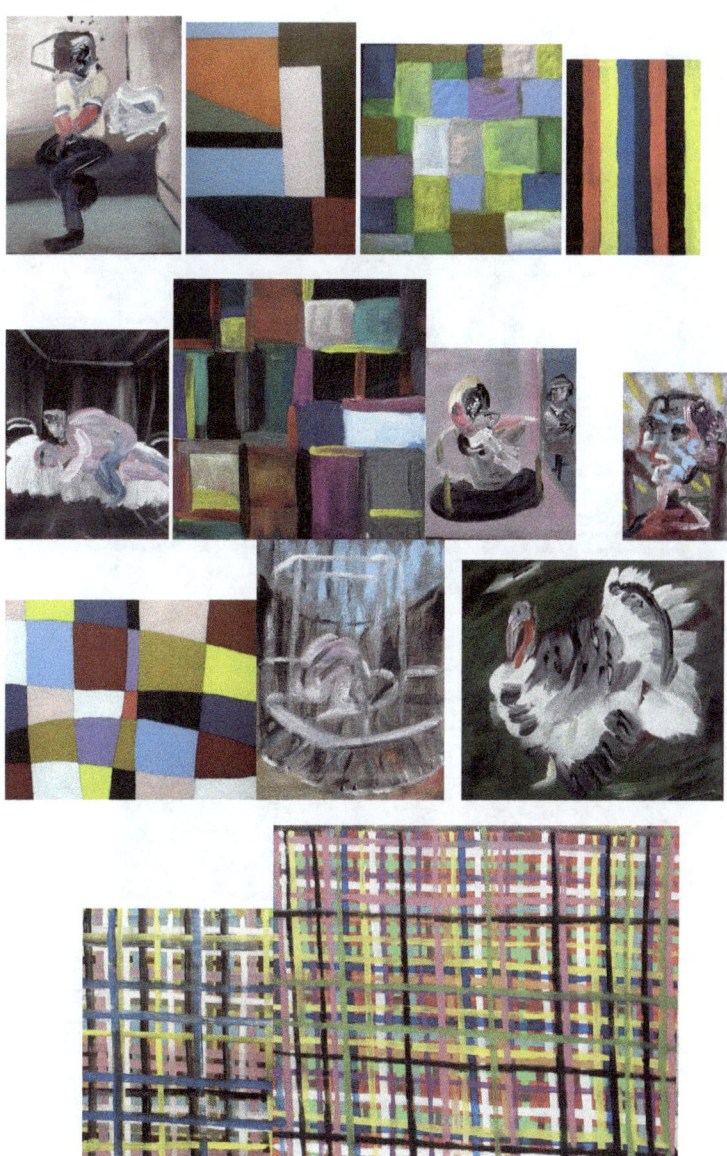

CLXXVI

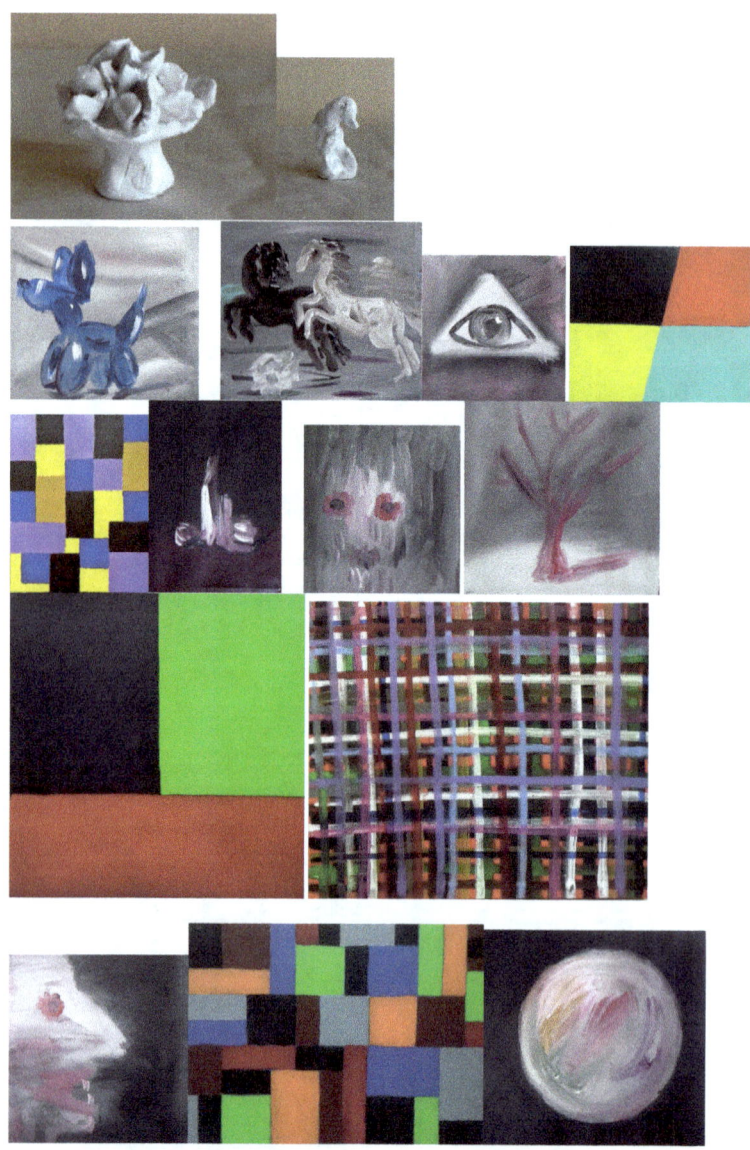

CLXXVII

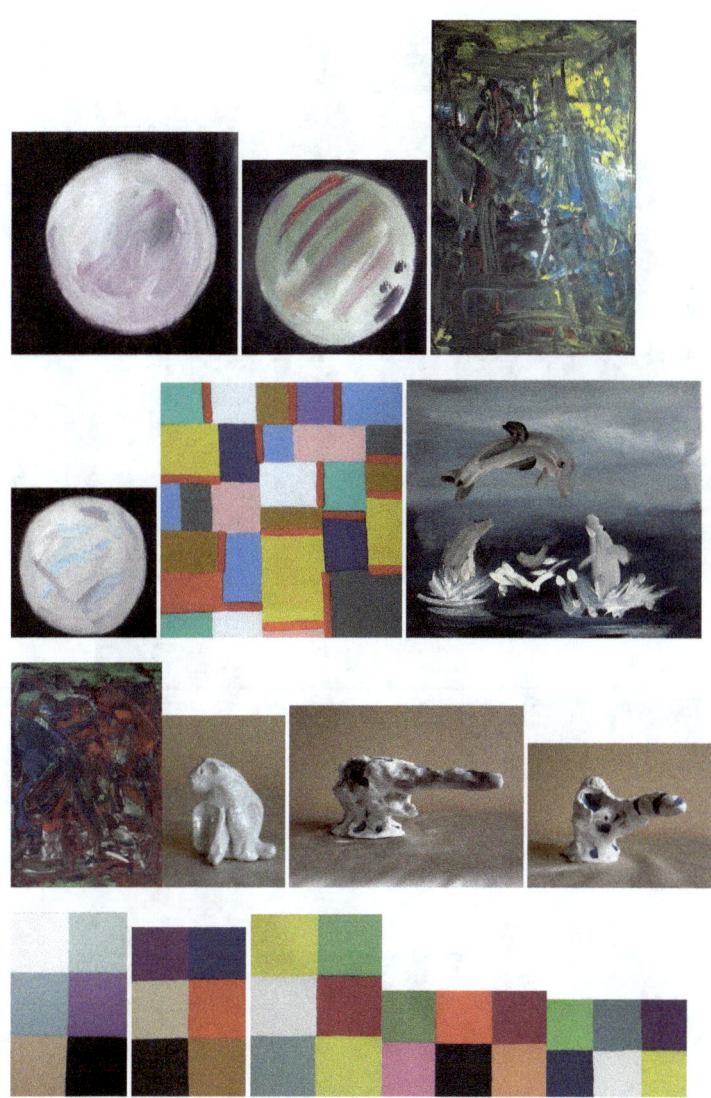

CLXXVIII

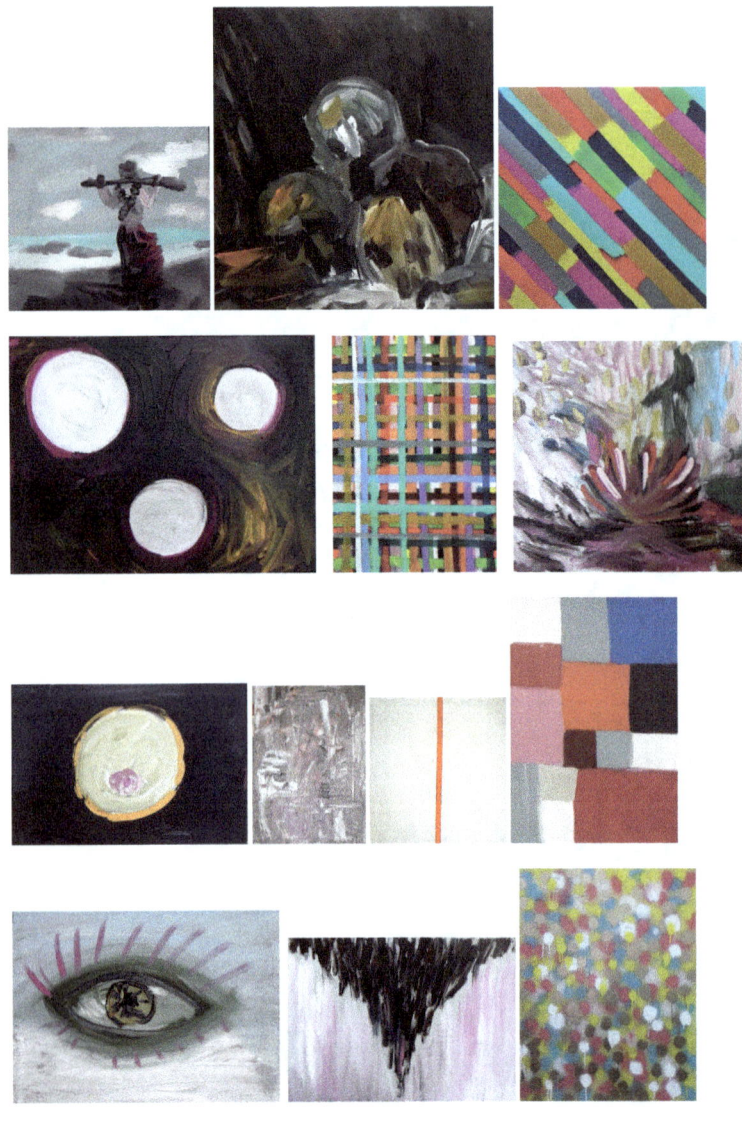

CLXXIX

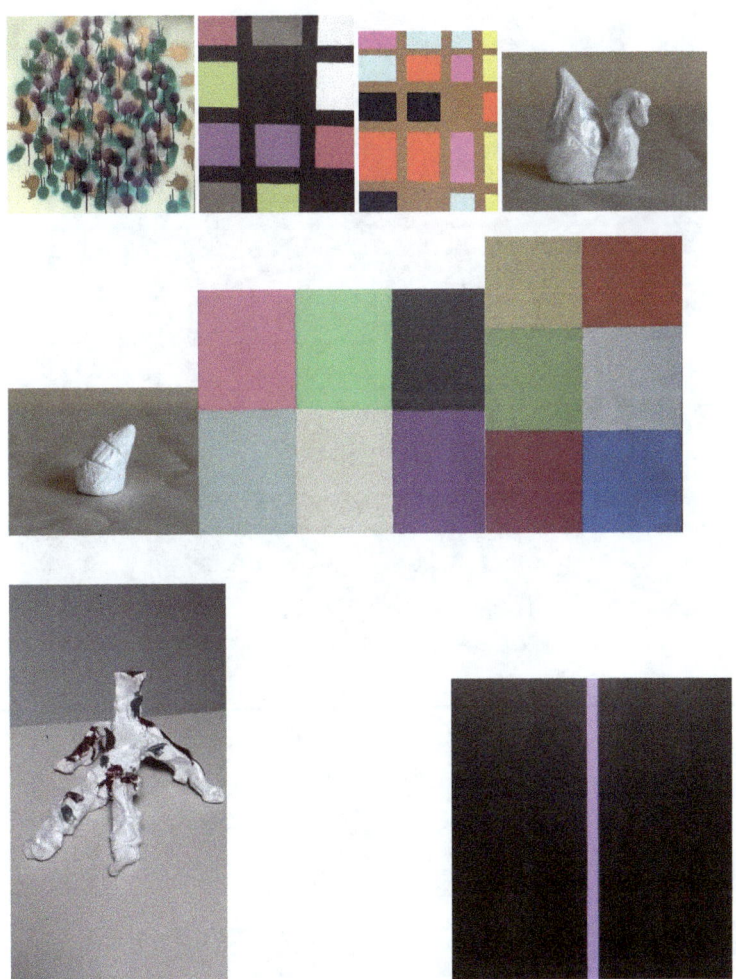

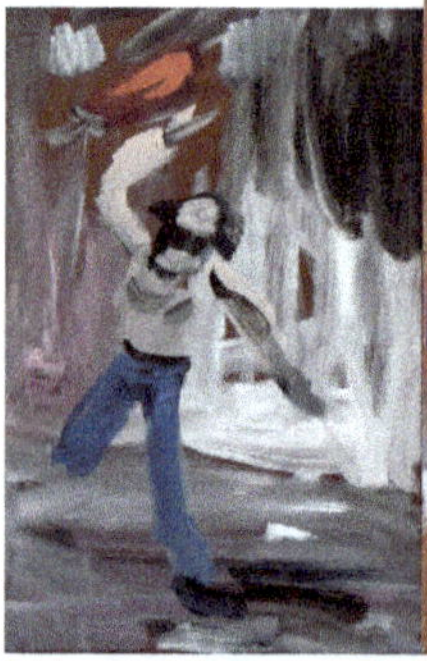

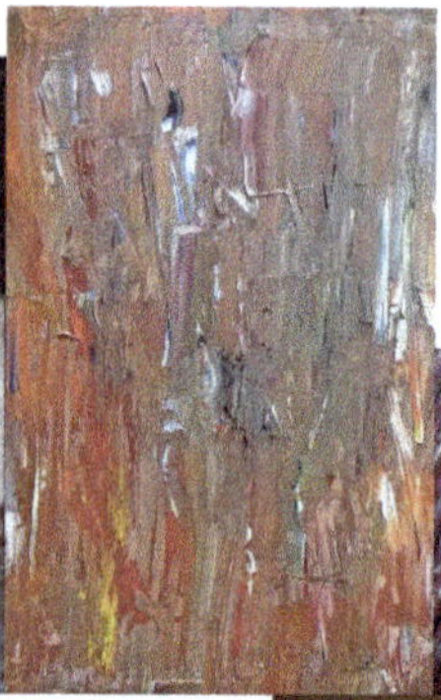

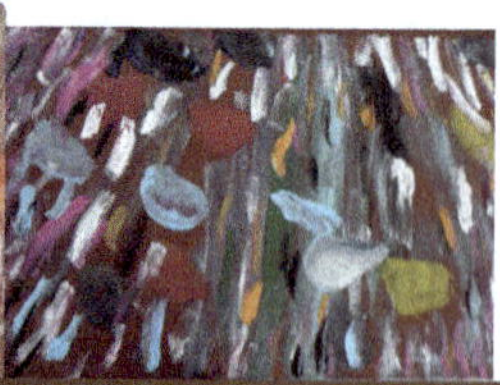

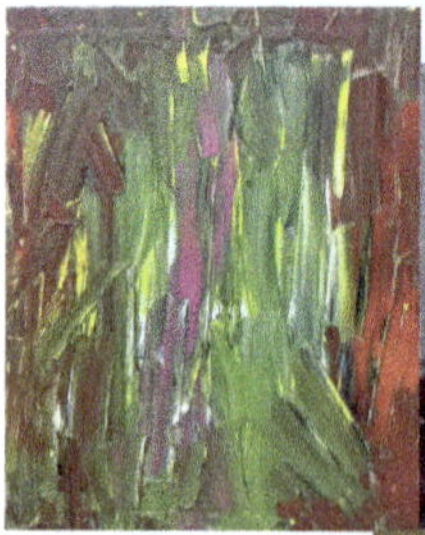

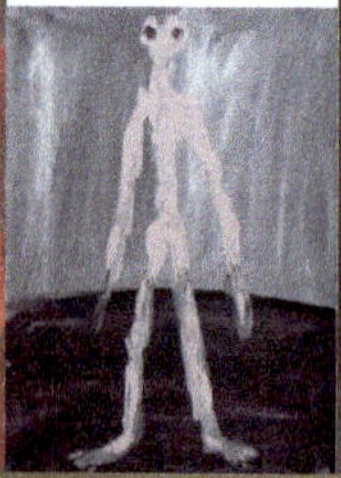

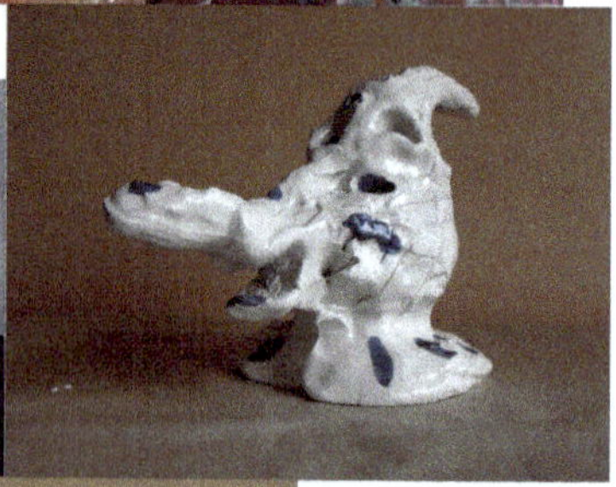

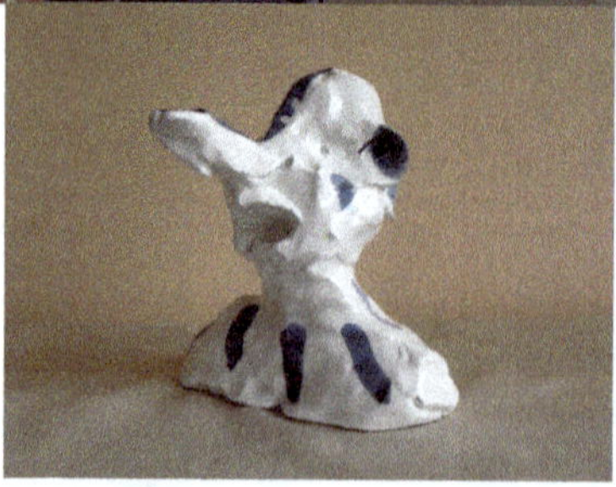

CLXXX

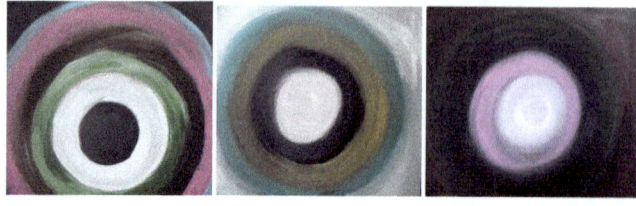

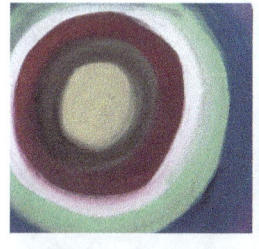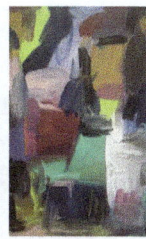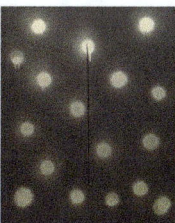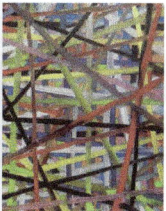
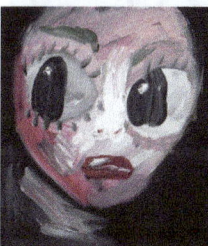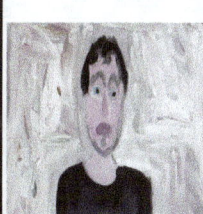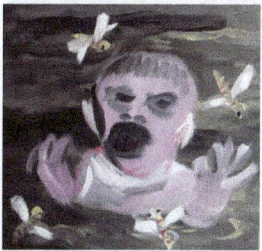
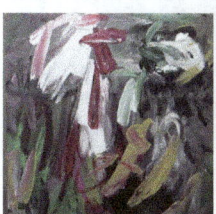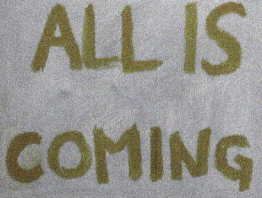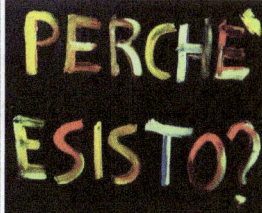
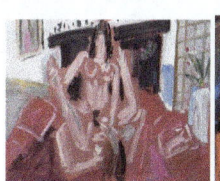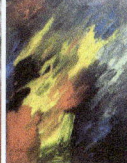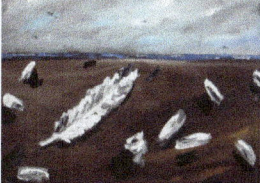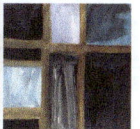

CLXXXII

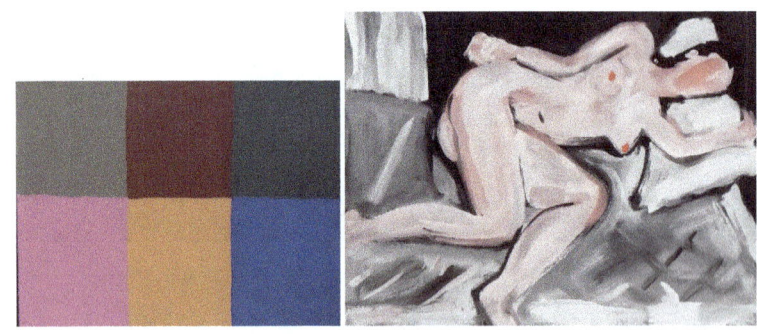

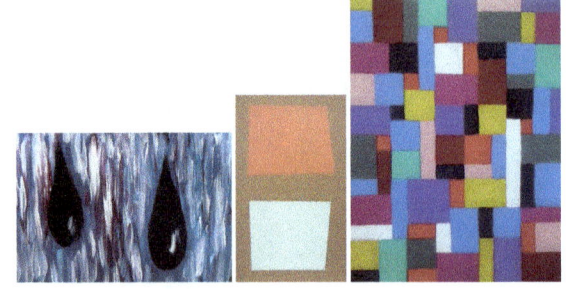

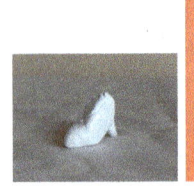
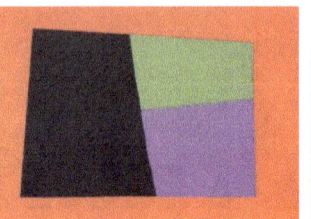
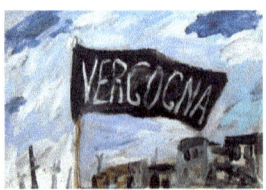

CLXXXIII

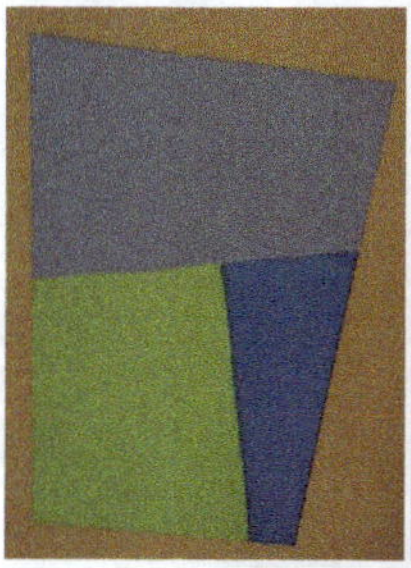

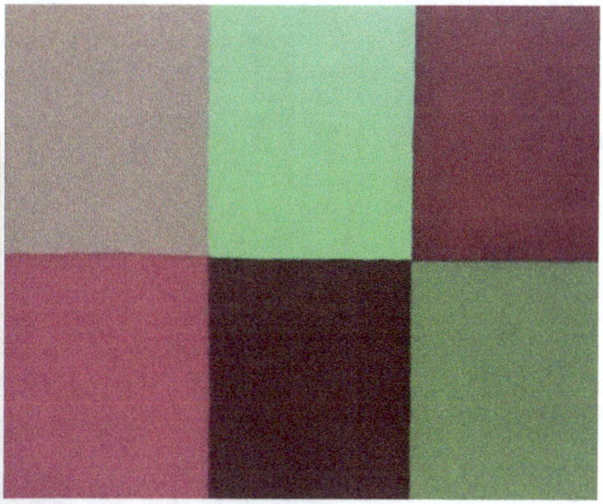

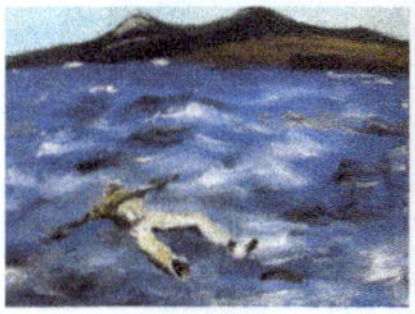

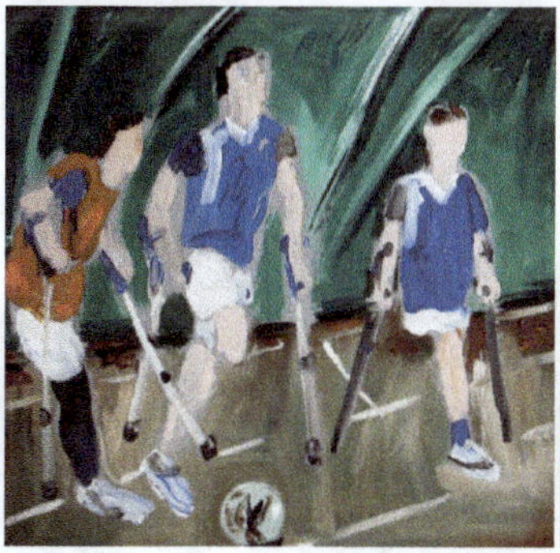

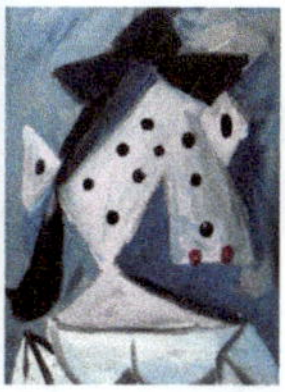

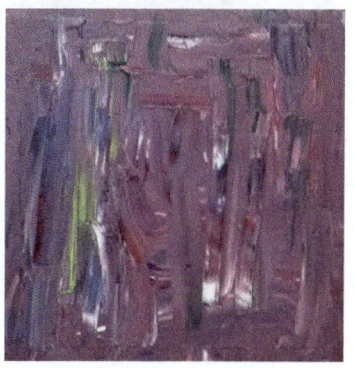

CLXXXIV

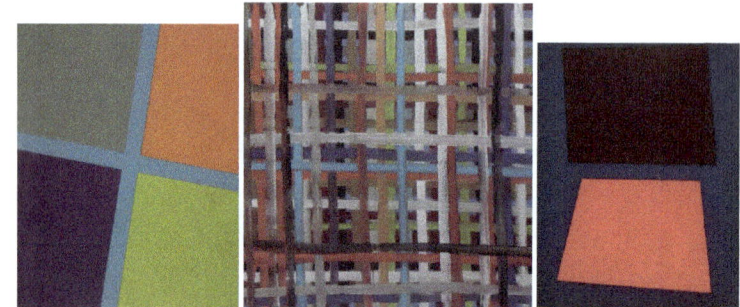

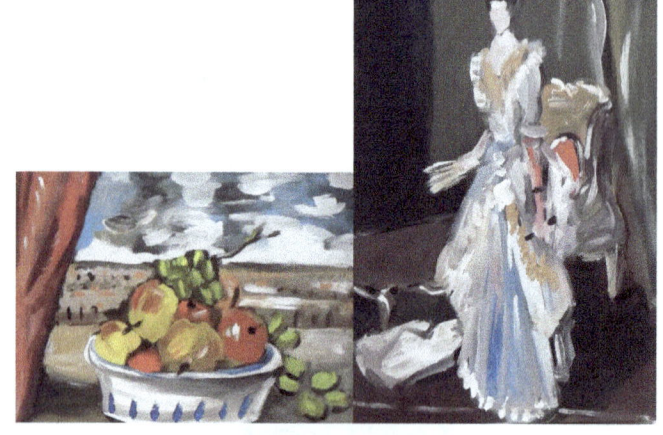

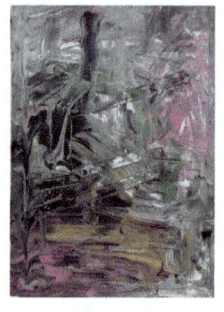

www.ingramcontent.com/pod-product-compliance
Lightning Source LLC
Chambersburg PA
CBHW050212230526
45470CB00001B/356